Maurice Palm

# Der Einfluss der COVID-19-Pandemie auf die Psyche

Maurice Palm

# Der Einfluss der COVID-19-Pandemie auf die Psyche

## Quarantäne, depressive Gefühle und Angsterleben

Tectum Verlag

Maurice Palm
Der Einfluss der COVID-19-Pandemie auf die Psyche
Quarantäne, depressive Gefühle und Angsterleben


ISBN 978-3-8288-4801-6
ePDF 978-3-8288-7912-6

Gesamtverantwortung für Druck und Herstellung
bei der Nomos Verlagsgesellschaft mbH & Co. KG

Printed in Germany



Besuchen Sie uns im Internet
www.tectum-verlag.de

**Bibliografische Informationen der Deutschen Nationalbibliothek**
Die Deutsche Nationalbibliothek verzeichnet diese Publikation in der Deutschen Nationalbibliografie; detaillierte bibliografische Angaben sind im Internet über http://dnb.d-nb.de abrufbar.

# Geleitwort

Die COVID-19-Pandemie ist nicht nur eine medizinische Herausforderung, sondern auch eine psychische. Vielfältige Stressoren führen zu psychischen Problemen oder Erkrankungen und werden voraussichtlich einen Anstieg psychischer Störungen bedingen. Ängste, Unsicherheit, Konflikte in Beziehungen, Trauer um Verstorbene, gesundheitsbezogene und finanzielle Sorgen, Arbeitslosigkeit aber auch fehlende ablenkende Freizeitbeschäftigungen oder sportliche Aktivität bergen das Risiko negativ auf die Psyche und damit auf die psychische Gesundheit zu wirken.

Herr Palm leistet mit seiner empirischen Studie einen Beitrag dazu diese Risiken zu erforschen. Dabei untersucht er die Einflüsse der COVID-19-Pandemie auf die Psyche im Allgemeinen und den Einfluss der Quarantäne auf depressive Gefühle und Angsterleben im Besonderen. Damit nimmt er sich einem hochaktuellen, aber auch für die Zukunft wichtigen Forschungsthemas an. Die Entstehung des Textes und seiner Forschung war geprägt durch die selbst miterlebte Quarantänezeit der COVID-19-Pandemie und damit die eigene Auseinandersetzung mit negativen bzw. depressiven Gefühlen. Heute ist klar, dass Depression und das damit verbundene Angsterleben weltweit durch die COVID-19-Pandemie zugenommen hat.

Auf der Basis seiner empirischen Ergebnisse ist Herr Palm in der Lage erste Empfehlungen abzuleiten, wie Infektionsschutzmaßnahmen gestaltet werden können und welche ergänzenden Angebote im Sinne von Prävention und Intervention die Psyche und ihrer Wiederstandfähigkeit unterstützen.

Mit seinem psychologischen Fokus und mit der im Mittelpunkt stehenden empirischen Ausbildung hat der Autor einmal mehr bewiesen, dass der Zusammenschluss von Wissenserwerb, Qualifikationstraining, Professionalitätsentwicklung und eigenmotivierten Forschungsthemen zu relevanten Erkenntnissen für die Gesellschaft führen kann.

Ich wünsche Herrn Palm auf seinem wissenschaftlichen Karriereweg alles Gute und hoffe, dass sein Forschungsinteresse noch viele wichtige Impulse und Erkenntnisse hervorbringt.

Hamburg, den 25.4.2022

Prof.in Dr.in Maren Metz
Studiengangsleitung
HFH · Hamburger Fern-Hochschule

# Vorwort

*Sterben mit oder sterben an Corona* wurde zu Anfang der Pandemie nicht nur zu einem Ausdruck gesellschaftlicher Lagerbildung und Disruption, sondern auch der Suche nach Kausalität. Wie gefährlich ist das Virus? Was sind die Auswirkungen der Eindämmungsvorkehrungen? Wie hoch sind die gesamtgesellschaftlichen Kosten der Pandemie und der politischen Maßnahmen, zu denen neben den medizinischen auch wirtschaftliche, soziale und psychische Komponenten gehören? Eine hinreichende holistische Antwort konnte mit den vorhandenen Daten zu diesem multidimensionalen Problem nicht gegeben werden und methodisch rein korrelative Beziehungen waren nur ein Ausdruck des Unvermögens das An vom Mit zu unterscheiden. Partielle Antworten mussten generiert werden, um aus der Summe des Spezifischen das Ganze zu erklären. Dieser Prozess ist andauernd und wird noch weitere Generationen beschäftigen. Doch vital ist er allemal, denn das Repertoire an effektiven und effizienten Maßnahmen gilt es im Zeitalter der Disruption anzureichern. Mit dem Ende der zehntausendjährigen Stabilität des Holozäns und dem Einfluss des Menschen auf das Erdsystem, ist das Zeitalter des Anthropozäns und damit der permanenten Disruption geboren (IPCC, 2014). Dieses geht einher mit einer erhöhten Wahrscheinlichkeit von Pandemien und weiteren disruptiven Kräften wie der Digitalisierung, der Alterung der Gesellschaft, dem Klimawandel und einer sich verändernden Welt der Arbeit, sowie den zugehörigen psychischen Beeinträchtigungen (World Bank, 2019). Resiliente Institutionen gilt es für den Mensch im Einklang mit der Natur zu entwickeln (Biermann, et al., 2012; Dryzek, 2016; O'Neill, Fanning, Lamb, & Steinberger, 2018), wofür die Funktionsfähigkeit und Effektivität oder die Auswirkungen der implementierten Maßnahmen partiell herausgearbeitet werden müssen.

Maurice Palm tut dies mit den Quarantänemaßnahmen, welche einen Teil des Gesamtpaketes zur Bekämpfung der Pandemie darstellen. Er arbeitet den partiellen Effekt der Quarantäne auf die menschliche Psyche anhand depressiver Gefühle und dem Angsterleben heraus und leistet somit einen Beitrag zur Quantifizierung der psychischen Beeinträchtigungen und der daraus entstehenden gesamtgesellschaftlichen Kosten. Die Quantifizierung ermöglicht die Einbeziehung dieser Kosten in die Evaluierung politischer Maßnahmen durch eine Kosten-Nutzen-Analyse und befähigt politische Entscheidungsträger die Auswirkungen ihrer Entscheidungen präziser mit einzubeziehen (Boardman, Greenberg, Vining, & Weimer, 2018). Wenn alle Kosten und der gesamte quantifizierte Nutzen einer Maßnahme vorlägen, so könnte das Optimum einer politischen Entscheidungsfindung erreicht werden (Held, 2019).

Aus der unendlichen Interaktion der Phänomene den partiellen Einfluss eines spezifischen Faktors herauszuarbeiten, ist die Kunst des Unterfangens. Gäbe es neben unserem Planeten einen *Planet B* den wir als Kontrollgruppe wie in einem klinischen Experiment zum Vergleich heranziehen könnten, so wäre die Logik der *Counterfactual Analysis* zu implementieren, bei der wir auf beiden Planeten alle Bedingungen gleich lassen, außer der einen singulären, an deren Einfluss auf die menschliche Psyche wir interessiert sind (Angrist & Pischke, 2015). Eine kausale Aussage, nicht rein korrelative, wäre möglich. Dieser Blick auf die Pandemie, den wir unter sonst gleichbleibenden Bedingungen, *ceteris paribus* durchführen, wird durch die Regressionsanalyse und ihren Annahmen approximiert. Diese Approximation immer näher an die Realität heranzuführen und präzisere Parameterschätzwerte zu generieren, ist Aufgabe des modellierenden Psychometrikers. Maurice Palm verwendet Schätzverfahren für kategorisch abhängige Variablen, nachdem er einen ausführlichen Modellvergleich seines multivariaten Modells durchführt. Mithilfe der *Akaike- und Bayesian/ Schwartz Information* Kriterien vergleicht er negative binomiale, multinomiale logistische, ordinale logistische und Kleinste Quadrate Schätzung und entscheidet sich für die ordinale logistische und multinomiale logistische Regression. Seine Ergebnisse zeigen unter anderem, dass Menschen in Quarantäne eine um den Faktor 1,247 statistisch signifikant erhöhte Wahrscheinlichkeit haben an Angst und Depression zu leiden, was als gesellschaftliche Kosten in die Abwägung von politischen Maßnahmen zur Bekämpfung von Pandemien mit einfließen muss.

Maurice Palms partielle Analyse bereichert den holistische Blick auf die Corona-Pandemie. Zukünftige Forschung wird auch auf seinen Schultern fußen, um das gesamtgesellschaftliche Bild weiter zu vervollständigen.

Hamburg, im Juni 2022 — Can Karaarslan

### Literatur

Angrist, J. D., & Pischke, J.-S. (2015). *Mastering Metrics – The Path from Cause to Effect*. Princeton, New Jersey.

Biermann, F., Abbott, K., Andresen, S., Bäckstrand, K., Bernstein, S., Betsill, M. M., . . . Mitchell, R. B. (2012, March 16). Navigating the Anthropocene: Improving Earth System Governance. *Science*, 335.

Boardman, A., Greenberg, D. H., Vining, A. R., & Weimer, D. L. (2018). *Cost-Benefit Analysis* (5 Ausg.). Cambridge, UK: Cambridge University Press.

Dryzek, J. S. (2016, October). Institutions for the Anthropocene: Governance in a Changing Earth System. *British Journal of Political Science, 46*(4), pp. 937–956.

Held , H. (2019). Cost Risk Analysis: Dynamically Consistent Decision-Making under Climate Targets. *Environmental and Resource Economics, 72*(1), pp. 247–261.

IPCC. (2014). *Summary for Policymakers. In: Climate Change 2014: Mitigation of Climate Change. Contribution of Working Group III to the Fifth Assessment Report of the Intergovernmental Panel on Climate*

*Change*. (O. Edenhofer, R. Pichs-Madruga , Y. Sokona, E. Farahani, S. Kadner, K. Seyboth, ... J. C. Minx, Eds.) Cambridge, United Kingdom and New York, NY, USA: Cambridge University Press.

O'Neill, D. W., Fanning, A. L., Lamb, W. F., & Steinberger, J. K. (2018, February ). A Good Life for all Within Planetary Boundaries. *Nature Sustainability*, 1, pp. 88–95.

World Bank. (2019). *World Development Report 2019: The Changing Nature of Work*. Washington, DC: World Bank.

# Zusammenfassung

Die COVID-19-Pandemie hat den Alltag und die öffentliche Gesundheit stark beeinflusst. Im Zuge der Pandemie wurden Infektionsschutzmaßnahmen, insbesondere Quarantänemaßnahmen, als effektives Mittel zur Infektionseindämmung eingesetzt. Das Ziel der vorliegenden Arbeit ist es, die Frage zu beantworten, wie sich die COVID-19-Pandemie auf die Psyche auswirkt. Dazu wird folgende Forschungsfrage gestellt: Inwiefern hängt Quarantäne mit depressiven Gefühlen und Angsterleben zusammen? Um die Forschungsfrage zu beantworten, wurde ein aus den Niederlanden stammender, repräsentativer Datensatz quantitativ ausgewertet. Hierfür wurden ordinale logistische und multinomiale logistische Regressionen durchgeführt. Die statistische Analyse der ordinalen logistischen Regressionen zeigte, dass Individuen, die sich in Quarantäne befinden, stärkere Angst und depressive Gefühle erleben, wohingegen die multinomialen logistischen Regressionen uneindeutige Ergebnisse zeigten, die dennoch die Annahme zulassen, dass sich Quarantänemaßnahmen verstärkend auf das Angsterleben und depressiven Gefühle auswirken. Auf Grundlage dieser Ergebnisse wird empfohlen, Quarantänemaßnahmen bedacht und kontrolliert einzusetzen sowie Abschwächungsstrategien für die psychologischen Folgen zu implementieren, vor allem für überproportional stark betroffene Gruppen wie beispielsweise Personen mit einer psychischen Vorerkrankung.

## Abstract

The COVID-19 pandemic has had a major impact on everyday life and public health. During the pandemic one of the most widely used infection control measures have been quarantine orders. The aim of the present work is to study the effect of the COVID-19 pandemic on the psyche. The following research question is answered: What is the relationship between being in quarantine and experiencing feelings of depression and anxiety? In order to answer the research question, a representative data set from the Netherlands was evaluated quantitatively utilizing ordinal logistic and multinomial logistic regressions. The statistical analysis of the ordinal logistic regressions showed that individuals who are in quarantine experience greater feelings of anxiety and depression. The results of multinomial logistic regressions however were ambiguous, but nevertheless suggest that being in quarantine may have an intensifying effect on feelings of anxiety and depression. Based on these results, it seems advisable to use quarantine measures carefully and in a controlled manner. It might also be beneficial to implement mitigation strategies for the psychological consequences, especially for disproportionately affected groups such as people with a pre-existing mental illness.

# Inhalt

# Abbildungsverzeichnis

# Tabellenverzeichnis

# Formelverzeichnis

# Danksagung

An dieser Stelle möchte ich mich bei allen bedanken, die mich während der Anfertigung dieser Bachelorarbeit und meines Studiums unterstützt und motiviert haben.

Als erstes gebührt mein Dank meinem Betreuer Can Karaarslan. Für die zahlreichen wertvollen Vorschläge und die konstruktive Kritik bin ich ihm außerordentlich dankbar.

Außerdem möchte ich mich bei meiner Familie bedanken, die mir mein Studium durch ihre Unterstützung ermöglicht und mich stets motiviert hat.

Berlin, 22.09.2021 Maurice Josua Palm

# 1 Einleitung

*«National isolation breeds national neurosis.»*

Hubert Horatio Humphrey Jr.

Der Ausbruch der Coronavirus-Krankheit 2019 (COVID-19), verursacht durch die Übertragung des schweren akuten respiratorischen Syndroms Coronavirus 2 (SARS-CoV-2), führte im Januar 2020 zu einem internationalen Notfall im Bereich der öffentlichen Gesundheit (WHO, 2020a). Im März 2020 wurde der Ausbruch von COVID-19 zur Pandemie erklärt (WHO, 2020b). Weltweit wurden mit dem Stand vom 21. September 2021 228.394.572 bestätigte Fälle und 4.690.186 durch COVID-19 verursachte Todesfälle der WHO gemeldet (WHO, 2021). In zahlreichen Ländern wurden gesundheitspolitische Infektionsschutzmaßnahmen, einschließlich der Lockdown-Politik, zur Eindämmung des Virus auf nationaler Ebene implementiert. Zu diesen Maßnahmen zählen vor allem Kontaktbeschränkungen, Anwesenheitsdokumentation, Schutz- und Hygienekonzepte für Veranstaltungen, in Betrieben und anderen Einrichtungen sowie Beschränkungen in der Sportausübung. Darüber hinaus wurden Kindertagesstätten, Schulen und Hochschulen sowie Gastronomiebetriebe, kulturelle und Freizeiteinrichtungen vorübergehend geschlossen. Zusätzlich wurden Maßnahmen wie Social[1] und Physical[2] Distancing, Alltagsmasken und regelmäßiges Lüften angeordnet (InfSchMV i. d. F. v. 11.02.2021). Diese

1 Unter Social Distancing versteht man die Reduktion sozialer, persönlicher Kontakte, um einer COVID-19-Infektion vorzubeugen.

2 Physical Distancing meint den physischen Abstand von 1,5 m zwischen Personen, um einer COVID-19-Infektion vorzubeugen.

umfangreichen Maßnahmen haben das Leben der Menschen schlagartig verändert. Die COVID-19-Pandemie stellt abgesehen von den physischen Konsequenzen ein Risiko für die psychische Gesundheit dar. So kann beispielsweise die Angst infiziert zu werden und Trauer um an COVID-19 verstorbene Angehörige zu psychischem Stress führen und so weitere psychologische Folgeeffekte bewirken. Auch die Infektionsschutzmaßnahmen können sich negativ auf die psychische Gesundheit auswirken. Die vorliegende Arbeit beantwortet die Frage, inwieweit Quarantänemaßnahmen mit depressiven Gefühlen und dem Angsterleben zusammenhängen.

Vorangegangene Untersuchungen lassen bereits die Hypothese zu, dass ein positiver Zusammenhang zwischen Quarantäne, depressiven Gefühlen und dem Angsterleben besteht (Brooks et al., 2020; Hesssler et al., 2020; Hossain et al., 2020; Xiong et al., 2020). Das Ziel dieser Arbeit ist es, den aktuellen Forschungsstand zu ergänzen, Ergebnisse zu generieren, die die wissenschaftliche Evidenz vervollständigen und einen tiefgründigeren Einblick in das Phänomen zu erlangen.

Die Ergebnisse einer solchen Untersuchung sind besonders wichtig, weil sich auf ihrer Basis Implikationen für die Praxis und Forschung ableiten lassen. Beispielsweise kann das Wissen über Gruppen, die aus psychologischer Sicht vulnerabel sind, dazu genutzt werden, gezielte Präventionsstrategien zu entwickeln. In der Weise ließe sich die psychische Gesundheit während der COVID-19-Pandemie oder zukünftigen Krankheitsausbrüchen schützen. Überdies lassen sich auf Grundlage der generierten Ergebnisse Empfehlungen für weiterführende Forschung aussprechen.

Aus methodischer Perspektive wurde eine quantitative Sekundäranalyse eines aus den Niederlanden stammenden Datensatzes zur Beantwortung der Fragestellung verwendet. Die Daten des LISS-Panels (Longitudinal Internet Studies for the Social Sciences) wurden verwendet. Die Entscheidung für eine Sekundäranalyse ist durch den Vorteil, dass ein repräsentativer und professionell erhobener Datensatz genutzt werden kann, begründet. Folglich lassen sich die Ergebnisse auf die gesamte Bevölkerung der Niederlande übertragen. Es werden zwei Untersuchungswellen gepoolt, sodass sich eine Gesamtzahl von nahezu 10.000 Beobachtungseinheiten ergibt. Um die Fragestellung zu beantworten, wurden ordinale logistische oder multinomiale logistische Regressionen durchgeführt. Die Regressionsanalyse wurde als statistisches Verfahren ausgewählt, da sich mithilfe dieses Verfahrens der isolierte Einfluss einer Quarantäne beobachten lässt. Überdies wird die Datenanalyse separat für Frauen und Männer realisiert, da sich basierend auf dem theoretischen Hintergrund und dem Literaturrückblick relevante Geschlechtsunterschiede identifizieren ließen.

Der weitere Verlauf der Arbeit ist wie folgt organisiert. Ein detaillierter Literaturrückblick beinhaltet das Kapitel 2. Im dritten Kapitel wird der theoretische Hintergrund der vorliegenden Thematik erläutert, wohingegen im vierten Kapitel das methodische Vorgehen erklärt wird. Die deskriptive Statistik befindet sich im fünften Kapitel, worauf anschließend die Ergebnisse der Datenanalyse folgen. Die Arbeit mündet im siebten Kapitel in einer Diskussion der Ergebnisse, der Limitationen sowie den praktischen und wissenschaftlichen Empfehlungen.

# 2 Literaturrückblick

Eine steigende Anzahl von Publikationen beschäftigt sich mit den psychologischen Auswirkungen einer Quarantäne. In der wegweisenden Publikation von Brooks et al. (2020) werden die psychologischen Auswirkungen einer Quarantäne mittels Rapid Review untersucht, wofür 24 Studien vergangener Krankheitsausbrüche wie SARS (2003) oder Ebola (2014) zusammengeführt werden. Die Ergebnisse zeigen, dass eine Quarantäne mit erhöhten depressiven Symptomen und Angstsymptomen einhergeht. Übereinstimmend finden Xiong et al. (2020) in ihrer systematischen Übersichtsarbeit heraus, dass eine Quarantäne während der COVID-19-Pandemie die depressive Symptomatik und Angstsymptomatik prognostizieren konnte. Auch Henssler et al. (2020) und Hossain et al. (2020) kommen zu dem Ergebnis, dass eine Quarantäne mit depressiven Symptomen und Angstsymptomen einhergeht. Es ist anzumerken, dass Henssler et al. (2020) mehrheitlich Isolation statt Quarantäne und Hossain et al. (2020) überwiegend Personen, die im Gesundheitssektor tätig sind, untersuchten. Fancourt, Steptoe und Bu (2020) untersuchen in ihrer Längsschnittstudie die Auswirkungen erzwungener Isolation auf depressive Symptome und Angstsymptome in England. Erzwungene Isolation setzt sich aus Quarantänemaßnahmen und Social Distancing zusammen. Sie kommen zu dem Ergebnis, dass 22,6 % und 25,1 % der Stichprobe moderate bis schwere Angstsymptome und depressive Symptome zeigen. Die Autorinnen und Autoren merken an, dass die Werte mit der Zeit fallen. Sie vermuten, dass dieser Trend darauf zurückzuführen ist, dass die erzwungene Isolation mit der Zeit entschärft wurde und sie zu jedem Zeitpunkt weniger streng als reguläre Quarantäne war (Fancourt, Steptoe & Bu, 2020). Querschnittsstudien, die lediglich Individuen betrachteten, die in Quarantäne waren, kommen in China (Gan et al., 2020; Peng et al., 2020; Xin et al., 2020), Argentinien (Fernandez et al., 2020), Bangladesch (Khan et al., 2020), Spanien (Gonzales-Sanguino et al., 2020) und Italien (Casagrande et al., 2020) zu dem einheitlichen Ergebnis, dass die Prävalenz von depressiven Symptomen und Angstsymptomen während Quarantäne höher liegt als die Basisrate. Überdies kommen Querschnittsstudien, die nicht nur eine Experimentalgruppe untersuchten, sondern diese mit einer Kontrollgruppe vergleichen, gleichermaßen zu einheitlichen Ergebnissen – eine Quarantäne wirkt sich verstärkend auf depressive und Angstsymptome aus (Lei et al., 2020; Tang et al., 2021). Nichtsdestotrotz gibt es Untersuchungen, die keinen Einfluss einer Quarantäne auf depressive Symptome und Angstsymptome feststellen können (Tang et al., 2020; Zhu et al., 2020).

Unterschiedliche Faktoren mediieren den Zusammenhang zwischen Quarantäne, depressiven Symptomen und Angstsymptomen. So arbeiten Brooks et al. (2020) heraus, dass Arbeit im Gesundheitssektor, psychische Vorerkrankung, Angst vor einer Infektion, Frustration und Langeweile, unzureichende Vorräte, inadäquate Informationen und Stigmatisierung den Einfluss einer Quarantäne auf depressive Symptome oder Angstsymptome erhöhen. Darüber hinaus lassen sich zahlreiche weitere Risikofaktoren identifizieren. Neben dem weiblichen Geschlecht (Casagrande et al., 2020; Fancourt, Steptoe & Bu, 2020; Fernandez et al., 2020; Gonzales-Sanguino et al., 2020; Henssler et al., 2020; Lei et al., 2020; Xiong et al., 2020), jüngerem Alter (Casagrande et al., 2020; Fancourt, Steptoe & Bu, 2020; Gonzales-Sanguino et al., 2020; Henssler et al., 2020; Khan et al., 2020; Lei et al., 2020; Peng et al., 2020; Xiong et al., 2020), niedrigerem Bildungsstand (Henssler et al., 2020; Peng et al., 2020; Xiong et al., 2020) und geringerem Einkommen (Fancourt, Steptoe & Bu, 2020; Henssler et al., 2020; Lei et al., 2020; Xiong et al., 2020) können auch COVID-19-Symptome (Gonzales-Sanguino et al., 2020; Khan et al., 2020; Xiong et al., 2020), COVID-19-Erkrankung im Umfeld (Gonzales-Sanguino et al., 2020; Henssler et al., 2020; Xiong et al., 2020), Einsamkeit (Gonzales-Sanguino et al., 2020; Xiong et al., 2020) und geringere wahrgenommene physische Gesundheit (Henssler et al., 2020; Lei et al., 2020; Xiong et al., 2020) den Einfluss einer Quarantäne auf depressive Symptome und Angstsymptome erhöhen. Weiterhin wirkt sich der Familienstand (geschieden, verwitwet oder ledig) (Lei et al., 2020; Peng et al., 2020; Xiong et al., 2020), Studentenstatus (Gonzales-Sanguino et al., 2020; Lei et al., 2020; Xiong et al., 2020), häufige Nutzung sozialer Medien (Khan et al., 2020; Xiong et al., 2020) und kürzere Schlafdauer (Tang et al., 2020) positiv auf den Einfluss einer Quarantäne auf depressive und Angstsymptome aus. Zuletzt konnte das Zusammenleben mit Kindern (Fancourt, Steptoe & Bu, 2020), alleine leben (Fancourt, Steptoe & Bu, 2020), rauchen (Fernandez et al., 2020), geringe wahrgenommene Kontrolle (Gan et al., 2020) und urbaner Wohnort (Xiong et al., 2020) als Risikofaktoren identifiziert werden. Ergänzend lassen sich Schutzfaktoren festhalten. Selbstständigkeit (Fernandez et al., 2020), höhere wahrgenommene soziale Unterstützung (Gonzales-Sanguino et al., 2020), altruistische Akzeptanz (Brooks et al., 2020; Henssler et al., 2020), Wahrnehmen von Freizeitaktivitäten (Khan et al., 2020) und körperliche Betätigung (Chtourou et al., 2020; Hallgren et al., 2020; Viana & de Lira, 2020) können den Einfluss einer Quarantäne auf depressive Symptome und Angstsymptome verringern. Im Übrigen kann festgestellt werden, dass bei dem Zusammenhang von Quarantäne, depressiven Symptomen und Angstsymptomen möglicherweise eine Dosis-Wirkungs-Beziehung vorliegt, das heißt, dass eine längere Quarantäne zu stärkeren psychischen Symptomen führt (Brooks et al., 2020; Henssler et al., 2020; Xiong et al., 2020). Dessen ungeachtet üben einige Variablen wie das Geschlecht (Khan et al., 2020), der Familienstand (Khan et al., 2020), die Dauer der Quarantäne (Khan et al., 2020; Tang et al., 2020) und das Alter (Tang et al., 2020) in einzelnen Studien keinen Einfluss aus. Entgegen der oben beschriebenen Befunde kommen Tang et al. (2021) zu dem Ergebnis, dass männliches Geschlecht, höherer Bildungsstand und Familienstand (verheiratet) den Einfluss einer Quarantäne auf depressive Symptome und Angstsymptome erhöhen.

Um die psychologischen Auswirkungen einer Quarantäne zu ergründen, bringen die Forscherinnen und Forscher eine Vielzahl von theoretischen Erklärungsansätzen vor. Fernandez et al. (2020) beziehen sich beispielsweise auf das Diathese-Stress-Modell. Diathese bezeichnet die Disposition (Anfälligkeit) eine gewisse Krankheit zu entwickeln. Unter den Stressoren versteht man unangenehme Alltagsituationen oder einschneidende Lebenslagen. Überschreiten die Disposition und Stressoren eine individuelle Schwelle, kommt es zur Entfaltung von Symptomen (Wittchen & Hoyer, 2011). Diese Schwelle wird durch individuelle Schutz- und Risikofaktoren beeinflusst (Zuckerman, 1999). Folglich regulieren soziodemografische Faktoren, persönliche Ressourcen und Stresscharakteristika das individuelle Stressniveau (Fernandez et al., 2020). Dies spiegelt sich in den oben angeführten Risiko- und Schutzfaktoren wider. Dementgegen stützen sich Gan et al. (2020) auf den Erklärungsansatz der Kontrollüberzeugung. Kontrollüberzeugung definiert die Dimension der Überzeugung eines Individuums, inwiefern das Zustandekommen eines Ereignisses in Relation zum eigenen Verhalten steht, ob also der Ort der Kontrolle innerhalb oder außerhalb des Individuums liegt (Rotter, 1966). Laut Wittchen und Hoyer (2011) konnte bestätigt werden, dass eine internale Kontrollüberzeugung, das heißt, dass das Individuum sich selbst als verantwortlich für Konsequenzen fühlt, mit besserer Gesundheit einhergeht. Gegenteiliges gilt für die externale Kontrollüberzeugung, wobei das Individuum davon ausgeht, dass die Konsequenzen von Zufall oder anderen Personen abhängig sind. Es wird vermutet, dass dieser Zusammenhang darauf basiert, dass Individuen mit internaler Kontrollüberzeugung eher versuchen ihre Situation zu verbessern (Gan et al., 2020). Gan et al. (2020) sprechen zusätzlich die Puffereffektthese an. Laut dieser These fungiert soziale Integration als Moderator und federt die negativen gesundheitlichen Konsequenzen von Stress ab (Cobb, 1976). Wenn sich also durch eine Quarantänemaßnahme die soziale Integration reduziert, erhöht sich der wahrgenommene Stress, was mit negativen gesundheitlichen Konsequenzen einhergeht. Auch Tang et al. (2021) führen soziale Exklusion als Erklärungsansatz für den Zusammenhang von Quarantäne,

Angstsymptomen und depressiven Symptomen an. Xin et al. (2020) erklären sich die Auswirkungen einer Quarantäne mithilfe anderer theoretischer Rahmen. Zunächst gehen sie auf das Transaktionale Stressmodell ein. Laut diesem Modell kann eine Quarantäne als Stressor angesehen werden, die Bewältigungsreaktionen initiiert. Diese Bewältigungsreaktion beginnt mit der primären Einschätzung des Ausmaßes der Bedrohung (z. B. wahrgenommene Diskriminierung und wahrgenommenes Infektionsrisiko). Solche Einschätzungen können zu negativen Emotionen führen, wenn die individuellen Bewältigungsfähigkeiten und -möglichkeiten unzureichend sind (Lazarus & Folkman, 1984).

Weiterhin können Defizite im Forschungsstand festgestellt werden. Die meisten Studien bedienen sich einem Querschnittsdesign (u. a. Fernandez et al., 2020). Lediglich zwei Längsschnittstudien (Fancourt, Steptoe & Bu, 2020; Gan et al., 2020) untersuchen den Zusammenhang von Quarantäne, depressiven Symptomen und Angstsymptomen während der COVID-19-Pandemie. Fancourt, Steptoe und Bu (2020) wählen als ersten Beobachtungszeitpunkt die erste Woche des Lockdowns. Gan et al. (2020) setzen den ersten Beobachtungszeitpunkt auch nach dem COVID-19-Ausbruch. So haben beide Längsschnittstudien gemein, dass sie den Verlauf der COVID-19-Pandemie beobachten, jedoch keinen Vorher-Nachher-Vergleich erzeugen können. Es existieren zudem Meta-Analysen und Reviews, die sich mit diesem Zusammenhang befassen, jedoch beziehen sich diese auf Studien vergangener Krankheitsausbrüche wie SARS oder Ebola (u. a. Brooks et al., 2020). Es wurden zwar Studien in europäischen Ländern wie Spanien (Gonzales-Sanguino et al., 2020) oder Italien (Casagrande et al., 2020) durchgeführt, jedoch wurden hauptsächlich asiatische Länder, im Speziellen China (u. a. Lei et al., 2020), untersucht. Eine Querschnittsstudie für die Niederlande, die sich mit dem Zusammenhang von Quarantäne, depressiven Symptomen und Angstsymptomen befasst, würde den europäischen Forschungsstand folglich ergänzen.

# 3 Theoretischer Hintergrund

Eine Reihe von theoretischen Grundlagen eignen sich dazu, den Zusammenhang von Quarantäne, depressiven Symptomen und Angstsymptomen zu erklären. In diesem Kapitel werden diese Theorien und Modelle dargestellt und auf den vorliegenden Zusammenhang angewendet. Es kann zu Beginn auf die Reduktion sozialer Integration durch Quarantänemaßnahmen eingegangen werden. Dass Einsamkeit und soziale Isolation mit einem erhöhten Sterberisiko zusammenhängen, wurde von verschiedenen Forscherinnen und Forschern meta-analytisch nachgewiesen. Laut Holt-Lunstad et al. (2015) erhöht soziale Isolation das Sterberisiko um 29 %. Soziale Isolation ist das Gegenteil von sozialer Integration. Unter sozialer Integration versteht man den Grad der Einbettung in ein soziales Netzwerk (Knoll & Schwarzer, 2005). Verschiedene Faktoren, wie Anzahl der Verwandten oder die Anzahl der Personen im sozialen Netzwerk, sind Indikatoren für soziale Integration und können zur Analyse der Struktur der sozialen Integration berücksichtigt werden. Überdies werden weitere Charakteristika sozialer Beziehungen differenziert, wie die Häufigkeit von Kontakten, die Multiplexität, das heißt die Anzahl unterschiedlicher Formen und Ziele von sozialen Interaktionen, zeitliche Erstreckung der Bekanntschaft und Reziprozität (Berkmann, Glass, Brissette & Seeman, 2000). Es ist naheliegend, dass sich die Häufigkeit von Kontakten und die Multiplexität während der Quarantäne verändern. Durch eine Quarantäne fallen Alltagsinteraktionen, aber auch persönliche Begegnungen weg, sodass nur nicht-physische Kommunikationsmittel genutzt werden können. Diese Reduktion lässt bereits auf eine Verringerung der Häufigkeit schließen. Durch eine Quarantäne werden viele Lebensbereiche beeinflusst, wie Arbeit, Freizeit, Sport oder Kultur. In all diesen Bereichen könnten unterschiedliche Formen von sozialer Interaktion mit unterschiedlichen Zielen entstehen, was zu hoher Multiplexität führen würde. Aufgrund einer Quarantäne fallen diese Bereiche weg, sodass sich die Multiplexität vermutlich reduziert und somit auch die Gesamtausprägung der sozialen Integration. Es werden zwei zentrale Thesen diskutiert, um den Zusammenhang zwischen sozialer Integration und Gesundheit zu erklären (Cohen & Willis, 1985). Die Haupteffektthese besagt, dass soziale Integration einen direkten Einfluss auf Gesundheit und Wohlbefinden hat. Demnach wirkt sich soziale Integration generell, also unabhängig von aktuellen Belastungen, über psychologische, physiologische und verhaltensbezogene Mechanismen positiv auf die psychische und körperliche Gesundheit aus (Cohen & Willis, 1985). Im Fokus dieser These stehen nicht die konkreten Hilfeleistungen in Belastungssituationen. Die Puffereffektthese postuliert moderierende Effekte sozialer Integration durch Einflüsse auf die Stressbewältigung. In Krisen- und Belastungssituationen fungiert soziale Integration als Puffer zwischen Stress und Belastungsreaktion und reduziert so negative gesundheitliche Auswirkungen (Cobb, 1976). Empirische Arbeiten deuten darauf hin, dass grundsätzlich beide Effektarten von Bedeutung sind (Cohen & Willis, 1985). Bei einer Quarantäne werden die sozialen Kontakte reduziert. Der Haupteffektthese folgend würden Individuen weniger positive Emotionen erfahren, wenn sie weniger soziale Kontakte haben. Durch eine Quarantäne können finanzielle Nöte oder die Angst sich infiziert zu haben auftreten, was als Stressor klassifiziert werden kann. Nach der Logik der Puffereffektthese würde diese Belastung schwächer abgefedert werden, da die soziale Integration während der Quarantäne reduziert ist.

Wie von Fernandez et al. (2020) angewandt, eignet sich das Diathese-Stress-Modell, um den Zusammenhang von Quarantäne, depressiven Symptomen und Angstsymptomen zu verdeutlichen. Laut dem Diathese-Stress-Modell lässt sich eine Symptombildung damit erklären, dass die Disposition und die Stressoren einen kritischen Wert übersteigen. Unter der Disposition versteht man eine Vulnerabilität oder eine Krankheitsneigung. Die Disposition umfasst unterschiedliche Ebenen. Neben der biologisch-genetischen Ebene lässt sich auch die soziale Ebene, zum Beispiel nachteilige soziale Lebens- und Entwicklungsbedingungen, anführen. Stressoren beschreiben im Diathese-Stress-Modell alle Anforderungssituationen einer Person auf der biologischen, sozialen oder psychologischen Ebene, bei der die Person eine Anpassungsreaktion zeigen muss, um die Situation zu bewältigen. Als Stressoren lassen sich beispielsweise kritische Lebensereignisse, wie der Tod eines Elternteils, aber auch diffusere Belastungsbedingungen, wie Unzufriedenheit mit der Arbeitssituation, identifizieren. Der kritische Wert oder auch die Symptomgrenze wird durch Schutzfaktoren beeinflusst. Zu solchen Schutzfaktoren zählen beispielsweise eine höhere soziale Integration sowie gute soziale und sozioökonomische Rahmenbedingungen. Wenn die Schutzfaktoren ausgeprägt sind, erhöht sich diese Symptomgrenze, sodass sich die Wahrscheinlichkeit einer Symptomausbildung verringert (Wittchen & Hoyer, 2011). Die innere Logik dieses Modells wird in Abbildung 1 veranschaulicht. Wenn sich eine Person in Quarantäne befindet, kann sie mit neuen Stressoren, wie finanzieller Not, Angst sich oder andere infiziert zu haben oder Ausschluss von Freizeitaktivitäten, konfrontiert werden. Durch die Verringerung sozialer Kontakte verschärft sich die Situation, weil sich die soziale Integration als Schutzfaktor verringert. Es ist folglich zu vermuten, dass Personen, die häufiger depressive und Angstsymptome zeigen als Personen, die sich nicht in Quarantäne befinden.

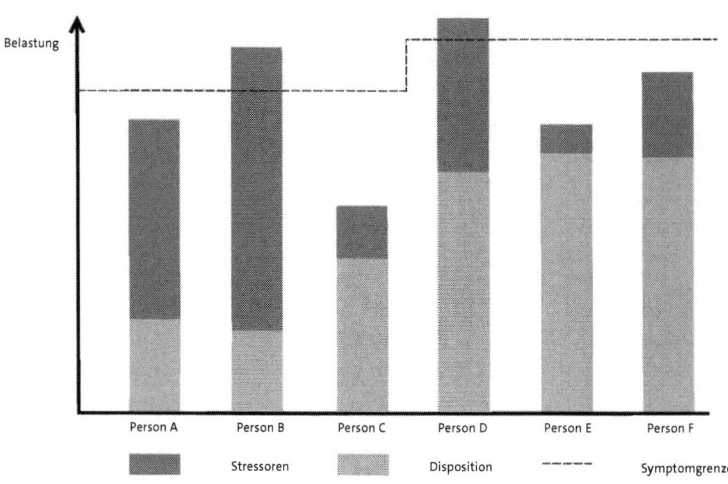


**Abbildung 1:** Diathese-Stress-Modell (eigene Darstellung)

Überdies wurde die Lerntheorie von Rotter (1966), im Speziellen die Kontrollüberzeugung, von Gan et al. (2020) zur Erklärung der psychologischen Auswirkungen einer Quarantäne herangezogen. Die Kontrollüberzeugung ist ein dimensionales Merkmal, das sich auf zwei Pole erstreckt: Internal, das heißt, die Person fühlt sich selbst für Konsequenzen verantwortlich, und external, das heißt, Zufall, andere Personen oder Glück werden verantwortlich gemacht. Wittchen und Hoyer (2011) bestätigen einen Zusammenhang zwischen besserer Gesundheit und internaler Kontrollüberzeugung. Dies ist vermutlich darauf zurückzuführen, dass Individuen mit internaler Kontrollüberzeugung eher versuchen, die Situation, in der sie sich befinden, zu verbessern, als Individuen mit externaler Kontrollüberzeugung. Während einer Quarantäne versuchen demnach Individuen mit internaler Kontrollüberzeugung häufiger ihre Situation zu verbessern. Möglicherweise beteiligen sich Individuen mit internaler Kontrollüberzeugung an Aktivitäten, die gesundheitsfördernd sind, wie beispielsweise Work-outs zu Hause. Individuen mit externaler Kontrollüberzeugung nehmen die Situation vermutlich an und versuchen weniger die Situation erträglicher für sich zu machen. Interindividuelle Differenzen der psychischen Gesundheit während einer Quarantäne können durch unterschiedliche Ausprägungen der Kontrollüberzeugung erklärt werden.

Zuletzt wird das Transaktionale Stressmodell nach Lazarus und Folkman (1984) als theoretischer Erklärungsansatz verwendet. Laut diesem Modell existieren drei Stufen der Bewertung einer Situation (Lazarus & Folkman, 1984). Bei der primären Bewertung kann die Situation als irrelevant, positiv oder belastend angesehen werden (Lazarus & Folkman, 1984). Falls die Situation als belastend klassifiziert wird, kann sie auf drei Arten kategorisiert werden – (1) als Herausforderung, das heißt, eine überwindbare Situation, (2) Bedrohung, das heißt, ein potenzieller Verlust, oder (3) Schaden, das heißt, eine Beeinträchtigung, die bereits erlitten wurde. Die sekundäre Bewertung prüft, ob der Zustand mit den individuellen Ressourcen überwunden werden kann (Lazarus & Folkman, 1984). Das Individuum versucht mittels Bewältigungsstrategien die Situation zu lösen. Die Bewältigungsstrategien, die einer Person zur Verfügung stehen, hängen von den Eigenschaften und kognitiven Strukturen der Person ab. Die dritte Stufe der Bewertung ist die Neubewertung (Lazarus & Folkman, 1984). Um eine aktive Anpassung an künftige Situationen zu ermöglichen, wird hier der Erfolg der Bewältigungsstrategie bewertet (Lazarus & Folkman, 1984). Für die Stressbewältigung beschreibt Lazarus drei Arten. Konkrete Handlungen oder das Unterlassen von Handlungen um Problemsituationen zu bewältigen, werden als problemorientiertes Coping bezeichnet (Lazarus & Folkman, 1984). Diese Art setzt an der Situation an. Als zweite Art besteht das emotionsorientierte Coping. Hier wird versucht die emotionale Reaktion abzubauen, sodass Entlastung entsteht (Lazarus & Folkman, 1984). Zuletzt existiert das bewertungsorientierte Coping, wobei die Person versucht die Situation als Herausforderung zu sehen, anstatt als Bedrohung oder Schaden. So können neue Ressourcen entstehen, um angemessen zu reagieren (Lazarus & Folkman, 1984). Es lässt sich nahezu ausschließen, dass eine Quarantäne als positiv oder irrelevant bewertet wird, da sie einen großen Einfluss auf den Alltag von Personen hat und positive Lebensbereiche wie Freizeit-, Kultur-, und Sportangebote sowie soziale Kontakte temporär aufgegeben werden müssen. Der Handlungsspielraum während einer Quarantäne ist begrenzt, sodass Bewältigungsstrategien nicht umfassend angewendet werden können und die emotionale Erregung, beispielsweise Angst oder Gefühle der Hilflosigkeit, nicht wie gewöhnlich reduziert werden können.

Substanzielle empirische Evidenz zeigt, dass Frauen über größere Angst berichten (McLean & Anderson, 2009) und mit doppelter Wahrscheinlichkeit im Vergleich zu Männern eine Angststörung entwickeln (Baxter et al., 2012). McLean und Anderson (2009) untersuchen die Ursachen für diese Geschlechtsunterschiede. Hierfür führen McLean und Anderson (2009) verschiedene Elemente wie biologische Aspekte, stressspezifische Faktoren oder Umwelteinflüsse an. Zu den biologischen Aspekten zählen unter anderem genetische Veranlagungen. Eine Zwillingsstudie konnte zeigen, dass ca. 50 % des Neurotizismus, ein Vulnerabilitätsfaktor für Angst, genetisch veranlagt ist. Diese genetische Veranlagung hatte einen signifikanten höheren Einfluss auf die individuelle Ausprägung von Neurotizismus bei Frauen als bei Männern (Lake et al., 2000). Zu den stressspezifischen Faktoren zählen Kontrollverlust, Bewertung von Bedrohungen, sich sorgen und Grübeln. In diesen vier Bereichen bestehen relevante Geschlechtsunterschiede (McLean & Anderson, 2009). Studien haben gezeigt, dass Eltern und Lehrer eher auf das Verhalten von Jungs als von Mädchen reagieren (McLean & Andersen, 2009). Dies kann dazu führen, dass Mädchen lernen, ihr Verhalten hätte weniger Einfluss auf die Umwelt (McLean & Anderson, 2009). Entsprechend berichten Frauen im Erwachsenenalter über ein geringeres Gefühl von Kontrolle über ihr Leben als Männer (Ross & Mirowsky, 2002). Die Auswirkungen einer geringen internalen Kontrollüberzeugung wurden oben beschrieben. Außerdem überschätzen Frauen im Vergleich zu Männern häufiger die Wahrscheinlichkeit einer Bedrohung (McLean & Anderson, 2009). Auch hier lässt sich eine Verbindung zu dem Transaktionalen Stressmodell nach Lazarus (1984), und zwar in der primären Bewertung einer Situation, herstellen. Überdies zählen Grübeln und sich sorgen zu den stressspezifischen Faktoren. In diesen beiden Verhaltensweisen zeigen Frauen eine höhere Ausprägung als Männer (Robichaud, Dugas & Convey, 2003). Zuletzt greifen McLean und Anderson Umwelteinflüsse, im Speziellen Geschlechterrollen, auf (2009). Laut der Gender Schema Theory nach Bem (1981) sind Jungen und Mädchen so sozialisiert, dass sie Verhaltensweisen, Eigenschaften, Fähigkeiten und Fertigkeiten entwickeln, die ihrem Geschlecht entsprechen. Der Ausdruck von Angst ist inkonsistent mit der männlichen Geschlechterrolle, sodass ängstliches Verhalten von Jungen weniger toleriert wird als das von Mädchen (McLean & Anderson, 2009). Übereinstimmend mit den Ausführungen fanden auch Özdin und Özdin (2020) oder Liu et al. (2020) signifikante Geschlechtsunterschiede im Angsterleben oder in posttraumatischen Stresssymptomen während der COVID-19-Pandemie. Es scheint demnach sinnvoll, in dieser Arbeit eine Geschlechterdifferenzierung vorzunehmen.

Es lässt sich festhalten, dass sich der theoretische Hintergrund des Zusammenhangs von Quarantäne, depressiven Gefühle und Angsterleben auf die Reduktion sozialer Kontakte, Stresserleben und Bewältigungsmöglichkeiten bezieht. Der Zweck einer Quarantäne ist, soziale Kontakte zu reduzieren, was bereits für sich alleingenommen Stress auslösen kann (Cohen & Willis, 1985). Daneben existieren zusätzliche Stressoren wie finanzielle Nöte oder die Angst, sich infiziert zu haben. Zuletzt sind die Bewältigungsmöglichkeiten beschränkt. Soziale Kontakte, Freizeitaktivitäten oder körperliche Betätigung dienen der Stressbewältigung und sind während einer Quarantäne stark limitiert (Cobb, 1976).

*Hypothesen*

Aus den vorherigen Ausführungen ergeben sich die folgenden Hypothesen, welche separat für Frauen und Männer überprüft werden. *Ceteris paribus* ist zu erwarten, dass:

1. Quarantäne positiv mit dem Angsterleben zusammenhängt.
2. Quarantäne positiv mit depressiven Gefühlen zusammenhängt.

# 4 Methodisches Vorgehen

Zunächst wird die Methode des „Poolings“ angewendet. Die erste COVID-19-Welle (März 2020) wird mit den Daten der zwölften Gesundheitswelle (November und Dezember 2019) verbunden. Dies hat zur Folge, dass sich die Anzahl der Beobachtungseinheiten nahezu verdoppelt. Hierbei wird die Tatsache, dass es sich um dieselben Beobachtungseinheiten und unterschiedliche Zeitpunkte handelt, vernachlässigt (Stoetzer, 2020). Die gesamte Überprüfung der Hypothesen wird aufgrund der theoretisch begründeten relevanten Geschlechtsunterschiede gesondert für Männer und Frauen durchgeführt.

Für die Analyse des Angsterlebens und depressiver Gefühle von Männern werden ordinale logistische Regressionen[3] genutzt, um Odds Ratios zu erhalten. Das Hauptinteresse liegt hierbei auf dem Zusammenhang zwischen Quarantäne, Angsterleben und depressiven Gefühlen. Da es sich in beiden Fällen um kategoriale, abhängige Variablen handelt, scheint die Verwendung von *Ordinary Least Squares* nicht sinnvoll. Bevor die endgültige Entscheidung für ein Verfahren getroffen wird, werden unterschiedliche gängige Regressionsverfahren verglichen. Dem ordinalen Regressionsmodell unterliegt die Annahme einer latenten Variablen. Die eigentliche Ausprägung der latenten Variable ist stetig, wird jedoch auf einer ordinalen Skala erfasst. Die latente Variable wird in folgender Gleichung dargestellt (Long & Freese, 2006, S. 184).

3 Weitere Details des Modellauswahlprozesses werden im Appendix 1 bereitgestellt.

$$y_i^* = x_i\beta + \varepsilon_i \quad (1)$$

Sobald der Wert der latenten Variable eine Schwelle über- oder unterschreitet, fällt der Wert in der ordinalen Skala in eine andere Kategorie. Dementsprechend wird die Wahrscheinlichkeit, in eine höhere Kategorie der abhängigen Variable zu fallen, wie folgt ausgedrückt (Long & Freese, 2006, S. 185):

$$\Pr(y = m \mid \mathrm{x}) = F\,(\boldsymbol{\tau}_m - \mathrm{x}\beta\beta) - F\,(\boldsymbol{\tau}_{m-1} - \mathrm{x}\beta) \quad (2)$$

Die Wahrscheinlichkeit der abhängigen Variable für gegebene Werte von ist die Fläche unter der Kurve zwischen zwei Schnittpunkten. Zum Beispiel die Wahrscheinlichkeit, für gegebene Werte von zu beobachten, entspricht dem Bereich der Verteilung, in dem zwischen und liegt. F entspricht im Fall der ordinalen logistischen Regression der kumulativen Verteilungsfunktion der logistischen Verteilung. Der Term fasst die kategoriale Ausprägung der abhängigen Variable. beinhaltet individuelle Charakteristika wie beispielsweise soziodemografische Faktoren, den Quarantänestatus sowie Stellvertretervariablen für psychische Vorerkrankung und Faktoren, die das Erleben während einer Quarantäne beeinflussen. ist ein Parameter, der die Stärke des Einflusses der unabhängigen Variable gewichtet. Durch das Aufnehmen des Quarantänestatus in die Gleichung lässt sich *ceteris paribus* beobachten, inwiefern sich das Angsterleben oder die depressiven Gefühle verändern. Als Erstes wird die Variable des Hauptinteresses, Quarantäne, in das Modell eingebaut. So lässt sich der nicht-isolierte Einfluss dieses Vektors beobachten. Es ist zu erwarten, dass Quarantäne positiv mit dem Angsterleben oder depressiven Gefühlen zusammenhängt. Anschließend wird das Vorliegen einer psychischen Vorerkrankung eingebaut. Da das Vorliegen einer psychischen Vorerkrankung nicht direkt abgefragt wird, aber aus theoretischer Perspektive einflussreich ist, werden zwei Variablen als Stellvertretervariablen genutzt: Zum einen, ob eine Person jemals Kontakt zu einer psychologischen Fachkraft hatte und zum anderen, ob sich eine Person in der Gruppe befindet, die starke Angst oder depressive Gefühle empfindet. Wenn beispielsweise das Angsterleben einer Person untersucht wird, wird eine Dummy-Variable inkludiert, die anzeigt, ob diese Person in der Gruppe mit starken depressiven Gefühlen ist, oder nicht, und *vice versa*. Von beiden Stellvertretervariablen ist zu erwarten, dass sie die Ausprägungen der abhängigen Variablen erhöhen (Brooks et al., 2020). Danach wurden Faktoren, die das Erleben während einer Quarantäne beeinflussen hinzugefügt. Zu diesen zählen die wahrgenommene Wahrscheinlichkeit einer COVID-19-Infektion, die antizipierte Langeweile und ob eine Infektion im Umfeld vorliegt. Alle drei Faktoren sollten aus theoretischer Sicht und auf Grundlage vergangener Studien die Ausprägungen der abhängigen Variablen steigern (Brooks et al., 2020). Zuletzt werden soziodemografische Faktoren, wie beispielsweise systemrelevante Tätigkeit, eingebaut. Diese stellt wieder eine Stellvertretervariable dar, weil die Arbeit im Gesundheitsbereich nicht abgefragt wurde, aber basierend auf vergangenen Studien als bedeutsam gilt und sich steigernd auf Angsterleben oder depressive Gefühle auswirkt (Brooks et al., 2020). Da Brooks et al., (2020) herausfinden, dass altruistische Akzeptanz die negativen Folgen einer Quarantäne abschwächt, wird zudem das Vorliegen einer ehrenamtlichen Tätigkeit als Stellvertretervariable eingebaut. Weitere soziodemografische Faktoren wie beispielsweise Alter (Casagrande et al., 2020) oder Einkommen (Fancourt, Steptoe & Bu, 2020) werden als relevante Einflussgrößen eingebaut, wobei sich jüngeres Alter und geringeres Einkommen steigernd auf das Angsterleben und die depressiven Gefühle auswirkt. Überdies kann das Alter als Stellvertretervariable für das Nutzungsverhalten sozialer Medien interpretiert werden, weil jüngere Menschen soziale Medien häufiger als ältere Menschen nutzen (Perrin, 2015).

Anschließend wird der Fokus auf den Zusammenhang zwischen Quarantäne, Angsterleben und depressiven Gefühlen von Frauen gelegt. Für diese beiden Analysen werden multinomiale logistische Regressionen gerechnet, um Odds Ratios zu generieren. Die Wahrscheinlichkeit, sich in der jeweiligen Kategorie im Vergleich zur Referenzkategorie zu befinden, wird durch folgende Standardformel des multinomialen logistischen Modells ausgedrückt (Long & Freese, 2006, S. 221):

$$\Pr(y = m \mid \mathrm{x}) = \frac{\exp\left(\mathrm{x}\beta_{m|1}\right)}{\sum_{j=1}^{J} \exp\left(\mathrm{x}\beta_{j|1}\right)} \tag{3}$$

In dieser Formel wird die erste Kategorie der abhängigen Variablen als die Referenzkategorie verwendet. Bezüglich der unabhängigen Variablen wird analog zu den Männern vorgegangen.

# 5 Daten und deskriptive Statistiken

Im Rahmen dieser Arbeit werden die Daten des LISS-Panels (Longitudinal Internet Studies for the Social Sciences) verwendet, das von CentERdata (Tilburg University, Niederlande) verwaltet wird. Die Daten beinhalten Angaben über den Quarantänestatus, Kontakte zu psychologischen Fachkräften sowie COVID-19-spezifische und soziodemografische Informationen von 9.858 Personen. Von diesen Individuen befinden sich 1.370 in Quarantäne ohne Symptome und 462 in Quarantäne mit Symptomen. Das LISS-Panel ist eine repräsentative Stichprobe niederländischer Personen zwischen dem 16. und 102. Lebensjahr. Das Panel basiert auf einer Zufallsstichprobe von Personen, die aus dem niederländischen Bevölkerungsregister gezogen wurden. Es werden zwei Untersuchungswellen des Panels verwendet, die gepoolt werden: Die erste Welle der COVID-19-Erhebung, die zwischen dem 20. März 2020 und 31. März 2020 durchgeführt wurde, und die zwölfte Welle der Health Erhebung, die im November und Dezember 2019 realisiert wurde (CentERdata, 2019; CentERdata, 2020). In Tabelle 1 werden die relevanten Variablen nach Geschlecht und Quarantänestatus dargestellt. KQ inkludiert die Personen, die sich nicht in Quarantäne befinden, QS beschreibt die Gruppe die sich mit Symptomen in Quarantäne befindet und Q bezeichnet die Gruppe, die sich ohne Symptome in Quarantäne befindet. Während für die Variablen Angsterleben, depressive Gefühle, Einkommen und Alter Mittelwerte angegeben werden, werden für die Ausprägungen der übrigen Variablen prozentuale Angaben abgebildet. Eine Übersicht der Definitionen aller Variablen ist in Appendix 2 hinterlegt.

Die abhängige Variable „Angsterleben" wird mittels eines Items („In den letzten sieben Tagen fühlte ich mich sehr ängstlich") mit einer sechsstufigen Skala (von nie (0) bis kontinuierlich (5)) erfasst. Weiterhin wird die abhängige Variable „depressive Gefühle" mittels zwei Items („In den letzten sieben Tagen fühlte ich mich so niedergeschlagen, dass mich nichts aufmuntern konnte" und „In den letzten sieben Tagen fühlte ich mich deprimiert und traurig") mit sechsstufigen Skalen (von nie bis kontinuierlich) erfasst, wobei die Ergebnisse addiert wurden, sodass sich eine Skala von 0 bis 10 ergibt. Um die interne Konsistenz der Skala der depressiven Gefühle zu bestimmen, wird Cronbachs Alpha berechnet. Die interne Konsistenz weist einen Wert von 0,831 auf, welcher als ideal einzustufen ist (Streiner, 2003). Das Angsterleben und die depressiven Gefühle sind für alle Kombinationen aus Geschlecht und Quarantänestatus rechtsschief verteilt (siehe Appendix 3, Abbildung 6–17). Der Quarantänestatus wurde mittels zwei Items erfasst. Zum einen wurde erfragt, ob sich die Person in Quarantäne begeben hat, weil sie Krankheitssymptome zeigt. Zum anderen wurde erfragt, ob sich die Person in Quarantäne begeben hat, obwohl sie keine Krankheitssymptome zeigt. Beide Items wurden dichotom beantwortet.

Bereits in Tabelle 1 zeigt sich, dass eine separate Analyse für Männer und Frauen aufgrund der systematischen Unterschiede plausibel ist. Während Männer, die sich nicht in Quarantäne befinden, einen durchschnittlichen Wert von 1,04 im Angsterleben aufweisen, zeigt die gleiche Gruppe der Frauen einen durchschnittlichen Wert von 1,33, welcher 27,8 % höher ist. Ein ähnlicher Unterschied ist bei den depressiven Gefühlen zu identifizieren. Frauen, die sich nicht in Quarantäne befinden, zeigen einen um 20 % höheren Wert der depressiven Gefühle als die gleiche Gruppe der Männer. Außerdem lässt sich erkennen, dass Personengruppen, die sich in Quarantäne befinden, eine 20 % bis 33 % höhere Ausprägungen der depressiven Gefühle und des Angsterlebens aufweisen. Obgleich die Gruppe der Männer in Quarantäne ohne Symptome die stärksten durchschnittlichen depressiven Gefühle zeigt, ist es bei den Frauen die Gruppe in Quarantäne mit Symptomen. Allerdings ist dieser Unterschied bei dem

Angsterleben nicht festzustellen. Diese geschlechtsspezifischen und quarantänespezifischen Unterschiede lassen sich auf die in Kapitel 3 beschriebenen Ausführungen zurückführen.

Die höchste Ausprägung der wahrgenommenen Wahrscheinlichkeit einer COVID-19-Infektion zeigen die Gruppen, die sich in Quarantäne mit Symptomen befinden. Während 27,8 % der Männer, die sich nicht in Quarantäne befinden, die Wahrscheinlichkeit einer Infektion als hoch einstuften, waren es 56,8 % aller Männer, die sich in Quarantäne mit Symptomen befanden. Gleichfalls zeigt sich für die Frauen eine Erhöhung von 20 Prozentpunkten des gleichen Gruppenpaars. Dieser Gruppenunterschied scheint logisch, da Krankheitssymptome möglicherweise als Anzeichen einer COVID-19-Infektion interpretiert werden, sodass die Wahrscheinlichkeit einer Infektion als höher wahrgenommen wird. Stringent ist überdies, dass Individuen, die sich in Quarantäne mit Symptomen befinden, mit 7,5 % für Frauen 11,9 % für Männer die meisten COVID-19-Infektionen in ihrem Umfeld zeigen. Im Gegensatz dazu weisen die anderen Gruppen lediglich Werte zwischen 2 % bis 3,3 % auf. Darüber hinaus liegt die antizipierte Langeweile bei den Gruppen in Quarantäne unabhängig des Geschlechts um drei bis sieben Prozentpunkte höher als bei Personen, die sich nicht in Quarantäne befinden. Dies ist womöglich darauf zurückzuführen, dass der Handlungsspielraum von Personen, die sich in Quarantäne befinden, stark limitiert ist, weshalb gewöhnliche Tätigkeiten nicht verfolgt werden können und Langeweile aufkommt. Weiterhin lässt sich feststellen, dass die Gruppen in Quarantäne häufiger in einem urbanen Wohnort leben. Während ungefähr 37 % der Personen, die sich nicht in Quarantäne befinden, in einem urbanen Wohnort leben, sind es circa 44 % der Befragten, die sich in Quarantäne befinden. Dies liegt möglicherweise daran, dass man in urbanen Gebieten in Anbetracht der höheren Bevölkerungsdichte häufiger dem Virus exponiert sein kann als in ländlicheren Gebieten. Bezüglich des Einkommens ist erkennbar, dass Männer unabhängig des Quarantänestatus um ein etwa 1.200 € höheres Bruttoeinkommen pro Monat als Frauen verfügen. Diese Differenz ist teilweise darauf zurückzuführen, dass Frauen eher geringer bezahlte Tätigkeiten ausüben, in anderen Leistungsgruppen, wie beispielsweise Teilzeit, vertreten und mit Diskriminierung konfrontiert sind (Mischler, 2018). Zusätzlich besitzen die Gruppen, die sich ohne Symptome in Quarantäne befinden, ein um rund 300 € geringeres Bruttoeinkommen pro Monat als die sonstigen Gruppen. Des Weiteren ist jene Gruppe im Durchschnitt ungefähr sechs Jahre jünger, die sich ohne Symptome in Quarantäne befindet. Da jüngere Menschen häufiger soziale Medien konsumieren (Perrin, 2015) und in diesen die COVID-19-Pandemie zusätzlich thematisiert wurde, könnte dieser Unterschied darauf zurückzuführen sein, dass jüngere Menschen die Wahrscheinlichkeit einer Infektion als höher eingeschätzt und sich deshalb eher zu Beginn der Pandemie isoliert haben. Männer und Frauen teilen die Eigenschaft, dass die Gruppe in Quarantäne ohne Symptome mit 5,1 % für Männer und 8 % für Frauen am seltensten in systemrelevanter Beschäftigung ist. Bei den Männern ist mit 18,5 % die Gruppe, die sich mit Symptomen in Quarantäne befindet, am häufigsten in systemrelevanter Beschäftigung. Dies könnte darauf zurückzuführen sein, dass Arbeit im Gesundheitssektor unter systemrelevanter Beschäftigung fällt und die Wahrscheinlichkeit einer Infektion in diesem Sektor besonders hoch ist. Bei den Frauen ist es mit 20,1 % die Gruppe, die nicht in Quarantäne ist. Legt man den Fokus auf die Herkunft, fällt auf, dass die Gruppen in Quarantäne um approximativ 6 Prozentpunkte geringere Anteile an Personen mit niederländischer Herkunft haben. Dieser Kontrast könnte darauf zurückzuführen sein, dass Menschen mit Migrationshintergrund häufiger in multigenerationalen Haushalten leben (Clark et al., 2020; Guadagno, 2020) und sich häufiger in Quarantäne begeben, um vulnerable Haushaltsmitglieder zu schützen. Ergänzend sind Frauen jeder Gruppe zwischen 0,1 und 2,3 Prozentpunkte häufiger ehrenamtlich tätig als Männer. Frauen, die sich in Quarantäne ohne Symptome befinden, sind mit 2,8 % am häufigsten ehrenamtlich tätig. Dies scheint plausibel, da freiwillige Quarantäne auch dem Schutz anderer dient und somit mit dem Altruismus ehrenamtlicher Tätigkeit einhergeht. Bei den Männern ist es mit 2 % die Gruppe, die sich nicht in Quarantäne befindet. Geschlechterübergreifend leben ungefähr 46 % der Mitglieder der Gruppen, die mit Symptomen in Quarantäne sind, mit Kindern in ihrem Haushalt. In den übrigen Gruppen sind es lediglich zwischen 27,4 und 37,6 %. Dies hängt vermutlich damit zusammen, dass größere Haushalte ein höheres Risiko haben, sich mit COVID-19 zu infizieren oder Symptome einer anderen Krankheit zu zeigen, die als Indikatoren für COVID-19 fehlinterpretiert werden. Mit 57,5 % für Männer und 50,2 % für Frauen sind die Personengruppen, die sich nicht in Quarantäne befinden, am häufigsten verheiratet. An zweiter Stelle liegt die Gruppe, die sich mit Symptomen in Quarantäne befindet, mit 50,4 % der Männer und 44,4 % der Frauen, die verheiratet sind. Auch in der Gruppe, die ohne Symptome in Quarantäne und am seltensten verheiratet ist, sind Männer häufiger als Frauen verheiratet. Außerdem sind Männer mit bis zu 2,7 Prozentpunkten beziehungsweise mit bis zu 22,3 Prozentpunkten häufiger als Frauen freiberuflich tätig, beziehungsweise in bezahlter Beschäftigung. Diese Abweichung kann darauf zurückgeführt werden, dass Männer grundsätzlich häufiger als Frauen erwerbstätig sind (Statistisches Bundesamt, 2020). Während in der Gruppe, die sich mit Symptomen in Quarantäne befindet, Frauen mit 39,6 % häufiger als Männer mit 37,5 % über einen Hochschulabschluss verfügen, sind es in den übrigen zwei Gruppen die Männer mit 41,5 % bis 47,3 % im Vergleich zu Frauen mit 32,9 bis 36,1 %. Des Weiteren haben Frauen grundsätzlich öfter Kontakt zu einer psychologischen Fachkraft als Männer. So gibt es bei den gleichen Gruppenpaaren Unterschiede von bis zu 9,5 Prozentpunkten. Obwohl bei den Frauen die Gruppe in Quarantäne mit Symptomen mit 15 % am häufigsten Kontakt zu einer psychologischen Fachkraft hat, ist es bei den Männern mit 6,5 % die Gruppe, die sich ohne Symptome in Quarantäne befindet. Es liegt nahe, dass Frauen häufiger im Kontakt zu psychologischen Fachkräften stehen, weil sie im Vergleich zu Männern mit doppelter Wahrscheinlich eine Angststörung entwickeln (Baxter, 2012). Dass die Gruppen in Quarantäne generell häufiger Kontakt zu psychologischen Fachkräften haben, kann daran liegen, dass die Quarantäne eine freiwillige Entscheidung war und sich ängstlichere Personen, die möglicherweise auch öfter Kontakt zu einer psychologischen Fachkraft haben, eher in Quarantäne begeben haben. Zuletzt ist der prozentuale Anteil an Personen, die an einer Schule oder Hochschule eingeschrieben sind, mit 7,5 % für die Frauen höher als mit 5,7 % für die Männer. Bei den Frauen besteht die Gruppe in Quarantäne mit Symptomen mit 12,3 % aus den meisten Schülerinnen und Studentinnen. Im Gegensatz dazu ist es bei den Männern mit 9,4 % die Gruppe, die sich in Quarantäne ohne Symptome befindet. Weil Schülerinnen, Schüler und Studierende eine Vielzahl von sozialen Kontakten haben, kann die These aufgestellt werden, dass dieser Personenkreis eine erhöhte Wahrscheinlichkeit einer COVID-19-Infektion aufweist und deshalb der größte Anteil in den Gruppen in Quarantäne vorliegt.

**Tabelle 1:** Deskriptive Statistiken für Männer und Frauen, nach Quarantänestatus

| | *Männer* | | | *Frauen* | | |
|---|---|---|---|---|---|---|
| | *KQ** | *QS** | *Q** | *KQ** | *QS** | *Q** |
| **Angsterleben (0–5)** | 1,04 | 1,25 | 1,25 | 1,33 | 1,59 | 1,6 |
| **Depressive Gefühle (0–10)** | 1,505 | 1,833 | 1,964 | 1,807 | 2,404 | 2,204 |
| **Dummy Angsterleben (%)** | 7,7 | 11,4 | 12,6 | 14,1 | 19,6 | 21,9 |
| **Dummy depressive Gefühle (%)** | 1,3 | 2,3 | 2,5 | 2,1 | 6,4 | 3,7 |
| **Hohe wahrgenommene Infektionswahrscheinlichkeit (%)** | 27,8 | 56,8 | 31,8 | 28,5 | 46,3 | 29,2 |
| **COVID-Infektion im Umfeld (%)** | 2 | 11,9 | 3,2 | 2,7 | 7,5 | 3,3 |
| **Alter (in Jahren)** | 54,8 | 48,5 | 55,8 | 52,3 | 46,2 | 51,9 |
| **Bruttoeinkommen (pro Monat in €)** | 3201,4 | 3123,7 | 2859,4 | 1914,4 | 1943 | 1660,1 |
| **Systemrelevanz (%)** | 11,5 | 18,5 | 5,1 | 20,1 | 15,9 | 8 |
| **Alleine lebend (%)** | 21,8 | 26,6 | 29,5 | 24 | 21,4 | 26,2 |
| **Kinder im Haushalt (%)** | 34,4 | 47,6 | 27,4 | 37,6 | 46,8 | 31,4 |
| **Verheiratet (%)** | 57,5 | 50,4 | 47,3 | 50,2 | 44,4 | 43,5 |
| **Hohe antizipierte Langeweile (%)** | 14,8 | 21,9 | 15,3 | 14,2 | 17,6 | 17,1 |
| **Urbaner Wohnort (%)** | 37,3 | 42,8 | 44 | 36,7 | 43,2 | 45,5 |
| **Akademisch (%)** | 41,5 | 37,5 | 47,3 | 36,1 | 39,6 | 32,9 |

| | | | | | | |
|---|---|---|---|---|---|---|
| **Niederländische Herkunft (%)** | 83,2 | 75,8 | 78,1 | 84,3 | 78,8 | 78,3 |
| **Bezahlte Beschäftigung (%)** | 46,8 | 67,1 | 30,4 | 42,8 | 44,8 | 27,8 |
| **Freiberuflich (%)** | 7,1 | 3,8 | 5,8 | 4,4 | 3,5 | 4,5 |
| **Schüler oder Student (%)** | 5 | 8,1 | 9,4 | 6,7 | 12,3 | 10 |
| **Ehrenamtliche Tätigkeit (%)** | 2 | 0 | 0,8 | 2,1 | 2,3 | 2,8 |
| **Kontakt psych. Fachkraft (%)** | 4,8 | 5,5 | 6,5 | 9,7 | 15 | 10,8 |
| **Anzahl der Individuen** | 3832 | 210 | 562 | 4194 | 252 | 808 |

*KQ = keine Quarantäne, QS = Quarantäne mit Symptomen, Q = Quarantäne ohne Symptome

# 6 Ergebnisse

## 6.1 Ergebnisse für das Angsterleben von Männern

Die Ergebnisse der Schätzungen der sechs verschiedenen Modellspezifikationen der ordinalen logistischen Regression werden in Tabelle 2 gezeigt. Um eine intuitive Interpretation der Ergebnisse zu ermöglichen, wurden die Log Odds in Odds Ratios umgerechnet.

Wie Tabelle 2 zeigt, verfügt Quarantäne ohne Symptome über alle Modellspezifikationen hinweg über einen signifikanten positiven Einfluss auf das Angsterleben von Männern. Wenn sich ein Mann in Quarantäne ohne Symptome befindet, hat er eine um den Faktor 1,247 ($p<0{,}05$) erhöhte Wahrscheinlichkeit in die nächsthöhere Kategorie des Angsterlebens zu fallen, wenn man alle anderen Vektoren gleich hält. Werden keine anderen Vektoren kontrolliert, steigt der positive Einfluss einer Quarantäne ohne Symptome auf das Angsterleben auf einen Faktor von 1,439 ($p<0{,}01$). Ungeachtet der statistischen Signifikanz, wirkt sich Quarantäne mit Symptomen über alle Modellspezifikationen hinweg steigernd auf das Angsterleben von Männern aus. Wenn sich ein Mann in Quarantäne mit Symptomen befindet, hat er eine um den Faktor 1,054 erhöhte Wahrscheinlichkeit in eine höhere Kategorie des Angsterlebens zu fallen, wenn man alle anderen Vektoren gleich hält. Dieser Wert erreicht jedoch keine statistische Signifikanz. Werden keine anderen Vektoren kontrolliert, erhöht sich der positive Einfluss einer Quarantäne mit Symptomen auf das Angsterleben von Männern auf einen Faktor von 1,487 und erreicht statistische Signifikanz ($p<0{,}01$). Für die gesamten Modellspezifikationen gilt, dass die Stellvertretervariablen für psychische Vorerkrankung, also der Kontakt zu einer psychologischen Fachkraft oder die Zugehörigkeit zur depressiven Gruppe, den stärksten positiven und statistisch signifikanten Einfluss auf das Angsterleben von Männern ausüben. Zu den Faktoren, die das Erleben während einer Quarantäne beeinflussen zählen hohe wahrgenommene Wahrscheinlichkeit einer COVID-19-Infektion, antizipierte Langeweile sowie COVID-19-Infektion im Umfeld. Wenn ein Mann die Wahrscheinlichkeit einer COVID-19-Infektion als hoch einstuft, Langeweile antizipiert und im Umfeld eine COVID-19-Infektion vorliegt, steigt *ceteris paribus* die Wahrscheinlichkeit in eine höhere Kategorie des Angsterlebens zu fallen um einen Faktor von 1,4 ($p<0,01$), 1,995 ($p<0,01$) und 1,062 ($p>0,1$). Legt man das Augenmerk auf die soziodemografischen Faktoren fällt auf, dass lediglich die Variablen Herkunft, Kinder im Haushalt, ehrenamtliche Tätigkeit sowie Alter und Einkommen statistisch signifikant sind. Wenn ein Mann ehrenamtlich tätig und niederländischer Herkunft ist, sinkt *ceteris paribus* die Wahrscheinlichkeit in eine höhere Kategorie des Angsterlebens zu fallen um einen Faktor von 0,63 ($p<0,05$) und 0,684 ($p<0,01$). Auch steigendes Alter und Einkommen hängen negativ mit dem Angsterleben von Männern zusammen ($p<0,01$). Die Wahrscheinlichkeit in eine höhere Kategorie des Angsterlebens zu fallen, steigt *ceteris paribus* jedoch um einen Faktor von 1,266 ($p<0,01$), wenn ein Mann mit Kindern in einem Haushalt lebt. Entgegen theoretischer Überlegungen und den Ergebnissen vergangener Untersuchungen üben einige Variablen, wie beispielsweise der Bildungsstand, die Urbanität des Wohnortes oder der Familienstand, keinen nennenswerten Einfluss auf das Angsterleben von Männern aus, da diese keine statistische Signifikanz erreichen und sich nah um den Wert 1 bewegen. Den besten Pseudo-$R^2$ Wert erzielt die letzten Modellspezifikation mit 0,05. Laut McFadden (1977) gelten Werte zwischen 0,2 und 0,4 als exzellent. Die Informationskriterien, das AIC und das BIC, zeigen in Richtung des Modells, in dem nur die Variablen des Hauptinteresses enthalten sind, da in diesem Modell die Werte am niedrigsten sind.

**Tabelle 2:** Odds Ratios der ordinalen logistischen Regression, Angsterleben von Männern

| | Spezifikation | | | | | |
|---|---|---|---|---|---|---|
| | I | II | III | IV | V | VI |
| **DQuar** | 1,439*** | | 1,396*** | 1,209** | 1,188** | 1,247** |
| **DQuarSym** | | 1,487*** | 1,407*** | 1,165* | 1,061 | 1,054 |
| **DDepression** | | | | 13,531*** | 11,268*** | 9,914*** |
| **DKontaktPsy** | | | | 3,528*** | 3,383*** | 3,052*** |
| **DInfUmf** | | | | | 1,053 | 1,062 |
| **DWahrInf** | | | | | 1,469 *** | 1,4*** |
| **DLangeweile** | | | | | 2,127*** | 1,995*** |
| **DSystemrelevanz** | | | | | | 0,858 |
| **DHerkunft** | | | | | | 0,684*** |
| **DVerheiratet** | | | | | | 1,047 |
| **DKinder** | | | | | | 1,266*** |
| **DAlleineLeben** | | | | | | 1,083 |
| **DBezBesch** | | | | | | 1,067 |
| **DUrban** | | | | | | 1,1 |
| **DAkademisch** | | | | | | 1,006 |
| **DFreiberuflich** | | | | | | 1,129 |
| **DSchülerStudent** | | | | | | 1,28 |
| **DEhrenamt** | | | | | | 0,63** |
| **Alter** | | | | | | 0,989*** |
| **Einkommen** | | | | | | 0,99989*** |
| Statistiken: | | | | | | |
| Anzahl der Beobachtungen | 4604 | 4604 | 4604 | 4124 | 4086 | 3728 |
| AIC | 84 | 75 | 136 | 288 | 693 | 7945 |
| BIC | 122 | 113 | 181 | 345 | 768 | 8048 |
| Pseudo-$R^2$ (McFadden) | ,002 | ,001 | ,003 | ,022 | ,034 | ,05 |

* = Signifikanzniveau von 10 %; ** = Signifikanzniveau von 5 %; *** = Signifikanzniveau von 1 %

## 6.2 Ergebnisse für die depressiven Gefühle von Männern

Tabelle 3 enthält die Ergebnisse der sechs Modellspezifikationen der ordinalen logistischen Regression der depressiven Gefühle von Männern. Die Regressionskoeffizienten wurden erneut in Odds Ratios transformiert, um die Interpretation zu erleichtern.

Auf Basis der Tabelle 3 lässt sich schlussfolgern, dass sich Quarantäne ohne Symptome über alle Modellspezifikationen hinweg positiv und statistisch signifikant auf die depressiven Gefühle von Männern auswirkt. Wenn sich ein Mann in Quarantäne ohne Symptome befindet, steigt die Wahrscheinlichkeit, in eine höhere Kategorie zu fallen um einen Faktor von 1,214 (p<0,05), wenn alle anderen Vektoren gleich gehalten werden. Je weniger Vektoren miteinbezogen werden, desto stärker wird der Einfluss einer Quarantäne, sodass in der ersten Modellspezifikation der Faktor 1,534 (p<0,01) beträgt. Die Variable „Quarantäne mit Symptomen" erreicht nur in der ersten Modellspezifikation statistische Signifikanz. Während der Faktor in der ersten Spezifikation 1,286 (p<0,05) beträgt, beträgt er *ceteris paribus* in der sechsten Spezifikation 0,965 und wirkt sich somit negativ auf die depressiven Gefühle von Männern aus. Ähnlich zum Angsterleben von Männern, erhöhen die Stellvertretervariablen für psychische Vorerkrankung die depressiven Gefühle von Männern am stärksten – dies gilt für alle Modellspezifikationen und ist durchweg auf dem 1 % Niveau statistisch signifikant. Auch die Faktoren, die das Erleben während einer Quarantäne beeinflussen, sind über die Modellspezifikationen hinweg statistisch signifikant, wobei die antizipierte Langeweile den stärksten Einfluss ausübt. Antizipierte Langeweile erhöht *ceteris paribus* die Wahrscheinlichkeit eines Mannes in eine höhere Kategorie der depressiven Gefühle zu fallen um den Faktor 1,84 (p<0,01). Auch hohe wahrgenommene Wahrscheinlichkeit einer COVID-19-Infektion sowie das Vorliegen einer COVID-19-Infektion im Umfeld wirken sich steigernd auf die depressiven Gefühle aus. Betrachtet man die soziodemografischen Faktoren, lässt sich feststellen, dass die Herkunft, systemrelevante Tätigkeit, Kinder im Haushalt, alleine leben, ehrenamtliche Tätigkeit und das Einkommen sich statistisch signifikant auf die depressiven Gefühle von Männern auswirken. Während sich systemrelevante und ehrenamtliche Tätigkeit, niederländische Herkunft und Einkommen *ceteris paribus* negativ auf die depressiven Gefühle auswirken, verfügen das Zusammenleben mit Kindern und das alleine leben einen steigernden Einfluss. Abgesehen von der ehrenamtlichen Tätigkeit ($p<0,05$) sind die übrigen Variablen auf dem 1 % Niveau statistisch signifikant. Im Gegensatz zu theoretischen Überlegungen und den Ergebnissen vergangener Untersuchungen verfügen einige Variablen wie beispielsweise der Bildungsstand oder das Alter über keinen nennenswerten Einfluss auf die depressiven Gefühle von Männern. Das beste Pseudo-$R^2$ zeigt die letzte Modellspezifikation mit 0,061. Die Informationskriterien deuten in Richtung des Modells, in dem nur die Variablen des Hauptinteresses enthalten sind, weil sie hier am niedrigsten sind.

**Tabelle 3:** Odds Ratios der ordinalen logistischen Regression, depressive Gefühle von Männern

| | Spezifikation | | | | | |
|---|---|---|---|---|---|---|
| | I | II | III | IV | V | VI |
| **DQuar** | 1,534*** | | 1,511*** | 1,28*** | 1,254*** | 1,214** |
| **DQuarSym** | | 1,286** | 1,205* | 1,035 | 1,002 | 0,965 |
| **DAngst** | | | | 10,433*** | 9,281*** | 9,143*** |
| **DKontaktPsy** | | | | 4,716*** | 4,468*** | 4,28*** |
| **DInfUmf** | | | | | 1,497** | 1,569** |
| **DWahrInf** | | | | | 1,29*** | 1,36*** |
| **DLangeweile** | | | | | 2,013*** | 1,84*** |
| **DSystemrelevanz** | | | | | | 0,812** |
| **DHerkunft** | | | | | | 0,774*** |
| **DVerheiratet** | | | | | | 0,938 |
| **DKinder** | | | | | | 1,319*** |
| **DAlleineLeben** | | | | | | 1,399*** |
| **DBezBesch** | | | | | | 0,92 |
| **DUrban** | | | | | | 1,043 |
| **DAkademisch** | | | | | | 0,955 |
| **DFreiberuflich** | | | | | | 0,894 |
| **DSchülerStudent** | | | | | | 0,725 |
| **DEhrenamt** | | | | | | 0,583** |
| **Alter** | | | | | | 0,997 |
| **Einkommen** | | | | | | 0,99993*** |
| | | | | | | |
| Statistiken: | | | | | | |
| Anzahl der Beobachtungen | 4604 | 4604 | 4604 | 4124 | 4086 | 3728 |
| AIC | 142 | 143 | 239 | 481 | 1224 | 10365 |
| BIC | 213 | 214 | 317 | 570 | 1331 | 10551 |
| Pseudo-$R^2$ (McFadden) | ,002 | ,000 | ,002 | ,046 | ,052 | ,061 |

* = Signifikanzniveau von 10 %; ** = Signifikanzniveau von 5 %; *** = Signifikanzniveau von 1 %

## 6.3 Ergebnisse für das Angsterleben von Frauen

In Tabelle 4 werden die Ergebnisse der sechs Modellspezifikationen der multinomialen logistischen Regression des Angsterlebens von Frauen dargestellt. Bei den ausgegebenen Werten handelt es sich um Odds Ratios. Die Referenzkategorie ist die erste Kategorie des Angsterlebens und lautet „nie".

In der ersten Kombination aus „selten" und der Referenzkategorie „nie" wirkt sich Quarantäne ohne Symptome über alle Modellspezifikationen hinweg negativ auf das Angsterleben von Frauen aus. Keiner dieser Werte ist jedoch statistisch signifikant. Betrachtet man die anderen Kombinationen aus den jeweiligen Kategorien und der Referenzkategorie, lässt sich feststellen, dass Quarantäne positiv mit dem Angsterleben zusammenhängt und oft statistische Signifikanz auf dem 5 % Niveau erreicht. Es stellt sich beispielsweise heraus, dass Frauen *ceteris paribus* eine um den Faktor 4,899 ($p<0{,}01$) erhöhte Wahrscheinlichkeit haben, sich in der Kategorie „immer" statt „nie" des Angsterlebens zu befinden, wenn sie sich ohne Symptome in Quarantäne befinden. Unabhängig davon, ob statistische Signifikanz vorliegt, wirkt sich Quarantäne mit Symptomen konstant positiv auf das Angsterleben von Frauen aus. Es lässt sich beispielsweise die Kombination aus „meistens" und der Referenzkategorie aufgreifen. Wenn sich eine Frau in Quarantäne mit Symptomen befindet, erhöht sich *ceteris paribus* die Wahrscheinlichkeit in die Kategorie „meistens" zu fallen um den Faktor 2,689 ($p<0{,}01$). Die Stellvertretervariablen für psychische Vorerkrankung haben in allen Kombinationen und Modellspezifikation einen positiven Einfluss auf das Angsterleben von Frauen. Abgesehen von der Dummy-Variablen für depressive Gefühle, der Kombination aus „selten" und „nie", ist der Einfluss der Stellvertretervariablen immer mindestens auf dem 5 % Niveau statistisch signifikant und übt im Vergleich zu anderen Variablen einen sehr starken Einfluss auf das Angsterleben von Frauen aus. Die hohe wahrgenommene Wahrscheinlichkeit einer COVID-19-Infektion und die antizipierte Langeweile wirken sich, wenn sie statistisch signifikant werden, positiv auf das Angsterleben von Frauen aus. Das Vorliegen einer COVID-19-Infektion im Umfeld scheint über alle Kombinationen und Modellspezifikationen hinweg keinen statistisch signifikanten Einfluss auszuüben und sich dem Wert 1 anzunähern. Betrachtet man die soziodemografischen Faktoren, wird deutlich, dass sich das Alter durchgängig negativ und statistisch signifikant auf das Angsterleben von Frauen auswirkt, wenn man alle anderen Vektoren gleich hält. Weitere soziodemografische Faktoren erreichen jedoch nur sporadisch statistische Signifikanz. So wirkt sich beispielsweise das Zusammenleben mit Kindern in der Kombination aus „manchmal" und „nie" negativ auf das Angsterleben von Frauen aus ($p<0,05$), wenn man alle übrigen Vektoren gleich hält. Auch die niederländische Herkunft wirkt sich *ceteris paribus* in der Kombination aus „oft" und der Referenzkategorie „nie" negativ auf das Angsterleben von Frauen aus. Zuletzt erhöht sich *ceteris paribus* die Wahrscheinlichkeit in die Kategorie „immer" im Vergleich zur Referenzkategorie „nie" zu fallen um einen Faktor von 3,044 ($p<0,05$) oder 2,768 ($p<0,05$), wenn Frauen verheiratet sind oder alleine leben. Eine Reihe von soziodemografischen Faktoren, wie beispielsweise systemrelevante Tätigkeit, üben keinen relevanten Einfluss auf das Angsterleben von Frauen aus. Dieses Ergebnis war in Anbetracht theoretischer Abwägungen nicht zu erwarten. Über den besten Pseudo-$R^2$ Wert verfügt die letzte Modellspezifikation mit 0,061. Aus Perspektive der Informationskriterien ist das Modell zu präferieren, in dem nur die Variablen des Hauptinteresses enthalten sind, weil die Werte in jenem Modell am geringsten sind.

**Tabelle 4:** Odds Ratios der multinomialen logistischen Regression, Angsterleben von Frauen

| | | Spezifikation | | | | | |
|---|---|---|---|---|---|---|---|
| | | I | II | III | IV | V | VI |
| **Selten** | **DQuar** | 0,944 | | 0,932 | 0,938 | 0,948 | 0,918 |
| | **DQuarSym** | | 1,176 | 1,19 | 1,239 | 1,179 | 1,148 |
| | **DDepression** | | | | 2,894* | 2,599* | 2,44 |
| | **DKontaktPsy** | | | | 2,022*** | 1,899*** | 1,801*** |
| | **DInfUmf** | | | | | 0,707 | 0,745 |
| | **DWahrInf** | | | | | 1,288*** | 1,263** |
| | **DLangeweile** | | | | | 1,489*** | 1,33* |
| | **DSystemrelevanz** | | | | | | 0,97 |
| | **DHerkunft** | | | | | | 0,966 |
| | **DVerheiratet** | | | | | | 0,891 |
| | **DKinder** | | | | | | 0,855 |
| | **DAlleineLeben** | | | | | | 0,864 |
| | **DBezBesch** | | | | | | 0,983 |
| | **DUrban** | | | | | | 1,056 |
| | **DAkademisch** | | | | | | 0,834* |
| | **DFreiberuflich** | | | | | | 1,14 |
| | **DSchülerStudent** | | | | | | 1,216 |
| | **DEhrenamt** | | | | | | 0,817 |
| | **Alter** | | | | | | 0,99** |
| | **Einkommen** | | | | | | 1,000007 |
| **Manch-mal** | **DQuar** | 1,403*** | | 1,361*** | 1,433*** | 1,485*** | 1,447*** |
| | **DQuarSym** | | 1,563*** | 1,477** | 1,701*** | 1,531** | 1,276 |
| | **DDepression** | | | | 5,033*** | 3,632** | 3,545** |
| | **DKontaktPsy** | | | | 3,719*** | 3,439*** | 3,28*** |
| | **DInfUmf** | | | | | 0,683 | 0,62* |
| | **DWahrInf** | | | | | 1,656*** | 1,403*** |
| | **DLangeweile** | | | | | 2,049*** | 1,668*** |
| | **DSystemrelevanz** | | | | | | 0,87 |
| | **DHerkunft** | | | | | | 0,863 |
| | **DVerheiratet** | | | | | | 0,94 |
| | **DKinder** | | | | | | 0,789** |
| | **DAlleineLeben** | | | | | | 0,827 |
| | **DBezBesch** | | | | | | 0,93 |
| | **DUrban** | | | | | | 1,027 |
| | **DAkademisch** | | | | | | 0,854 |
| | **DFreiberuflich** | | | | | | 1,349 |

| | | | | | | | |
|---|---|---|---|---|---|---|---|
| | DSchülerStudent | | | | | | 1,495 |
| | DEhrenamt | | | | | | 1,083 |
| | Alter | | | | | | 0,979*** |
| | Einkommen | | | | | | 1,000001 |
| Oft | DQuar | 1,704*** | | 1,597*** | 1,44** | 1,475** | 1,482** |
| | DQuarSym | | 2,238*** | 2,048*** | 2,061*** | 1,938*** | 1,683** |
| | DDepression | | | | 13,513*** | 10,015*** | 8,025*** |
| | DKontaktPsy | | | | 7,016*** | 6,349*** | 5,402*** |
| | DInfUmf | | | | | 1,126 | 0,955 |
| | DWahrInf | | | | | 1,757*** | 1,42** |
| | DLangeweile | | | | | 2,866*** | 2,38*** |
| | DSystemrelevanz | | | | | | 0,923 |
| | DHerkunft | | | | | | 0,636*** |
| | DVerheiratet | | | | | | 0,856 |
| | DKinder | | | | | | 0,768* |
| | DAlleineLeben | | | | | | 0,832 |
| | DBezBesch | | | | | | 0,858 |
| | DUrban | | | | | | 1,198 |
| | DAkademisch | | | | | | 0,926 |
| | DFreiberuflich | | | | | | 0,912 |
| | DSchülerStudent | | | | | | 0,601 |
| | DEhrenamt | | | | | | 0,583 |
| | Alter | | | | | | 0,97*** |
| | Einkommen | | | | | | 0,99997 |
| Meistens | DQuar | 2,019*** | | 1,786*** | 1,719** | 1,671** | 1,553 |
| | DQuarSym | | 3,521*** | 3,147*** | 3,177*** | 3,233*** | 2,689*** |
| | DDepression | | | | 63,504*** | 54,531*** | 54,872*** |
| | DKontaktPsy | | | | 7,634*** | 7,473*** | 6,021*** |
| | DInfUmf | | | | | 1,026 | 0,931 |
| | DWahrInf | | | | | 2,455*** | 2,043*** |
| | DLangeweile | | | | | 2,129*** | 1,633 |
| | DSystemrelevanz | | | | | | 0,835 |
| | DHerkunft | | | | | | 0,81 |
| | DVerheiratet | | | | | | 0,818 |
| | DKinder | | | | | | 1,023 |
| | DAlleineLeben | | | | | | 1,056 |
| | DBezBesch | | | | | | 0,762 |
| | DUrban | | | | | | 0,995 |
| | DAkademisch | | | | | | 1,129 |
| | DFreiberuflich | | | | | | 1,29 |
| | DSchülerStudent | | | | | | 1,217 |

| | | | | | | | |
|---|---|---|---|---|---|---|---|
| | **DEhrenamt** | | | | | | 2,49 |
| | **Alter** | | | | | | 0,974*** |
| | **Einkommen** | | | | | | 0,99995 |
| **Immer** | **DQuar** | 4,829*** | | 4,605*** | 4,188*** | 4,368*** | 4,899*** |
| | **DQuarSym** | | 2,453** | 1,752 | 1,299 | 1,38 | 1,058 |
| | **DDepression** | | | | 222,123*** | 189,25*** | 206,996*** |
| | **DKontaktPsy** | | | | 7,594*** | 7,132*** | 5,343*** |
| | **DInfUmf** | | | | | n/a | n/a |
| | **DWahrInf** | | | | | 2,581*** | 2,6*** |
| | **DLangeweile** | | | | | 1,333 | 0,992 |
| | **DSystemrelevanz** | | | | | | 1,045 |
| | **DHerkunft** | | | | | | 0,625 |
| | **DVerheiratet** | | | | | | 3,044** |
| | **DKinder** | | | | | | 0,859 |
| | **DAlleineLeben** | | | | | | 2,768** |
| | **DBezBesch** | | | | | | 0,66 |
| | **DUrban** | | | | | | 0,767 |
| | **DAkademisch** | | | | | | 0,692 |
| | **DFreiberuflich** | | | | | | 0,763 |
| | **DSchülerStudent** | | | | | | 1,545 |
| | **DEhrenamt** | | | | | | n/a |
| | **Alter** | | | | | | 0,972** |
| | **Einkommen** | | | | | | 0,99992 |
| Statistiken: | | | | | | | |
| Anzahl der Beobachtungen | 5254 | 5254 | 5254 | 4602 | 4560 | 4174 | |
| AIC | 87 | 83 | 145 | 351 | 888 | 9825 | |
| BIC | 152 | 149 | 244 | 511 | 1145 | 10555 | |
| Pseudo-$R^2$ (McFadden) | ,005 | ,002 | ,007 | ,038 | ,047 | ,061 | |

* = Signifikanzniveau von 10 %; ** = Signifikanzniveau von 5 %; *** = Signifikanzniveau von 1 %

n/a=keine Antwort

Die Referenzkategorie lautet „nie".

## 6.4 Ergebnisse für die depressiven Gefühle von Frauen

In Tabelle 5 werden die Ergebnisse der sechs Modellspezifikationen der multinomialen logistischen Regression der depressiven Gefühle von Frauen dargestellt. Für die unterschiedlichen Variablen werden Odds Ratios ausgegeben.

Wie Tabelle 5 zeigt, sind die Odds Ratios der Variable „Quarantäne ohne Symptome" oftmals größer als 1, was bedeutet, dass sie einen steigernden Einfluss auf die depressiven Gefühle von Frauen hat. Es lässt sich außerdem feststellen, dass diese Variable lediglich in drei von zehn Kombinationen aus jeweiliger Kategorie und der Referenzkategorie statistische Signifikanz erreicht. Falls sie jedoch statistische Signifikanz erreicht, erreicht sie in jedem Fall einen Wert, der größer als 1 ist. Betrachtet man beispielsweise die sechste Modellspezifikation der Kombination aus „4" und der Referenzkategorie „nie": Wenn sich eine Frau ohne Symptome in Quarantäne befindet, erhöht sich die Wahrscheinlichkeit, in die Kategorie „4" der depressiven Gefühle zu fallen um einen Faktor von 1,779 ($p<0,01$), wenn man alle anderen Vektoren gleich hält. Ungeachtet der statistischen Signifikanz, sinkt mit dem Hinzufügen der Stellvertretervariablen für psychische Vorerkrankung und soziodemografischen Variablen der Einfluss einer Quarantäne ohne Symptome auf die depressiven Gefühle von Frauen. Bezüglich der Quarantäne mit Symptomen verhält es sich ähnlich. Überdies ist der Einfluss von Quarantäne mit Symptomen, abgesehen von der Kombination aus „1" und der Referenzkategorie, durchgängig größer als 1. Zudem wird die Variable nur in einigen Kombinationen und Modellspezifikationen signifikant. Die statistische Signifikanz geht jedoch beständig mit Werten, die größer als 1 sind, einher – so beispielsweise in der dritten Modellspezifikation der Kombination aus „6" und der Referenzkategorie: Wenn sich eine Frau mit Symptomen in Quarantäne befindet, erhöht sich *ceteris paribus* die Wahrscheinlichkeit in die Kategorie „6" zu fallen um den Faktor 2,043 ($p<0,05$). Des Weiteren ist anzumerken, dass Quarantäne mit Symptomen in der sechsten Modellspezifikation, also wenn für alle anderen Vektoren kontrolliert wird, in keiner Kombination das statistische Signifikanzniveau von 5 % unterschreitet. Die Stellvertretervariablen für psychische Vorerkrankung sind in den meisten Fällen auf dem 1 % Niveau statistisch signifikant. Im Vergleich zu anderen Variablen zeigen diese den stärksten positiven Einfluss auf die depressiven Gefühle von Frauen. Betrachtet man die Faktoren, die das Erleben während einer Quarantäne beeinflussen, stellt sich heraus, dass die antizipierte Langeweile den größten positiven und meist statistisch signifikanten Einfluss auf die depressiven Gefühle hat. Das Vorliegen einer COVID-19-Infektion im Umfeld wird entgegen theoretischer Abwägungen in keinem Fall statistisch signifikant. Die hohe wahrgenommene Infektionswahrscheinlichkeit wirkt sich, bis auf die Kombinationen aus „9" und der Referenzkategorie „nie", durchweg positiv auf die depressiven Symptome von Frauen aus. Statistisch signifikant wird diese Variable jedoch nur in seltenen Fällen. Zuletzt wird der Fokus auf die soziodemografischen Faktoren gelegt. Diese erreichen nur vereinzelt statistische Signifikanz. Am häufigsten wird die Variable „Alter" statistisch signifikant. In diesen Fällen sinkt *ceteris paribus* mit steigendem Alter die Wahrscheinlichkeit in eine höhere Kategorie der depressiven Gefühle zu fallen. Auch das Zusammenleben mit Kindern, alleine zu leben oder verheiratet zu sein, wirken sich *ceteris paribus* negativ auf die depressiven Gefühle von Frauen aus, falls diese Variablen signifikant werden. Auch die Variable, die erfragt, ob das Individuum in einer Schule oder Hochschule eingeschrieben ist, wird in der Kombination aus „2" und der Referenzkategorie statistisch signifikant. Wenn eine Frau an einer Schule oder Hochschule eingeschrieben ist, hat sie eine um den Faktor 1,841 (p<0,05) erhöhte Wahrscheinlichkeit in die Kategorie „2" zu fallen, sollte man alle anderen Vektoren gleich halten. Ergänzend wird die Variable, ob sich das Individuum in bezahlter Beschäftigung befindet, in der Kombination aus „immer" und „nie" statistisch signifikant: Wenn sich eine Frau in bezahlter Beschäftigung befindet, sinkt *ceteris paribus* die Wahrscheinlichkeit in die Kategorie „immer" der depressiven Gefühle zu fallen um den Faktor 0,046 (p<0,05). Überraschenderweise wirkt sich das Einkommen über die gesamte Analyse hinweg nicht wesentlich auf die depressiven Gefühle von Frauen aus. Mit 0,077 erzielt die letzte Modellspezifikation das beste Pseudo-$R^2$. Die Informationskriterien zeigen in Richtung des Modells, in dem nur die Variablen des Hauptinteresses enthalten sind, da die Werte in diesem Modell am niedrigsten sind.

**Tabelle 5:** Odds Ratios der multinomialen logistischen Regression, depressive Gefühle von Frauen

| | | Spezifikation | | | | | |
|---|---|---|---|---|---|---|---|
| | | I | II | III | IV | V | VI |
| 1 | **DQuar** | 1,151 | | 1,16 | 1,119 | 1,114 | 1,045 |
| | **DQuarSym** | | 0,91 | 0,888 | 0,87 | 0,877 | 0,827 |
| | **DAngst** | | | | 1,41* | 1,391* | 1,397* |
| | **DKontaktPsy** | | | | 1,375* | 1,288 | 1,375 |
| | **DInfUmf** | | | | | 0,825 | 0,836 |
| | **DWahrInf** | | | | | 1,283** | 1,129 |
| | **DLangeweile** | | | | | 1,264 | 1,138 |
| | **DSystemrelevanz** | | | | | | 0,874 |
| | **DHerkunft** | | | | | | 0,907 |
| | **DVerheiratet** | | | | | | 0,678*** |
| | **DKinder** | | | | | | 0,856 |
| | **DAlleineLeben** | | | | | | 0,731** |
| | **DBezBesch** | | | | | | 1,191 |
| | **DUrban** | | | | | | 1,05 |
| | **DAkademisch** | | | | | | 1,092 |
| | **DFreiberuflich** | | | | | | 1,468 |
| | **DSchülerStudent** | | | | | | 1,152 |
| | **DEhrenamt** | | | | | | 0,823 |
| | **Alter** | | | | | | 0,998 |
| | **Einkommen** | | | | | | 0,99999 |
| 2 | **DQuar** | 1,042 | | 1,03 | 0,97 | 0,981 | 0,865 |
| | **DQuarSym** | | 1,165 | 1,159 | 1,201 | 1,329 | 1,206 |
| | **DAngst** | | | | 3,129*** | 3,052*** | 3,16*** |
| | **DKontaktPsy** | | | | 1,819*** | 1,748*** | 1,892*** |
| | **DInfUmf** | | | | | 1,1577 | 1,027 |
| | **DWahrInf** | | | | | 1,222** | 1,101 |
| | **DLangeweile** | | | | | 1,529*** | 1,475*** |
| | **DSystemrelevanz** | | | | | | 0,862 |
| | **DHerkunft** | | | | | | 0,879 |
| | **DVerheiratet** | | | | | | 0,805* |
| | **DKinder** | | | | | | 0,648*** |
| | **DAlleineLeben** | | | | | | 0,713** |
| | **DBezBesch** | | | | | | 1,192 |

| | | | | | | | |
|---|---|---|---|---|---|---|---|
| | DUrban | | | | | | 1,015 |
| | DAkademisch | | | | | | 1,025 |
| | DFreiberuflich | | | | | | 1,292 |
| | DSchülerStudent | | | | | | 1,841** |
| | DEhrenamt | | | | | | 0,879 |
| | Alter | | | | | | 0,996 |
| | Einkommen | | | | | | 0,99998 |
| 3 | DQuar | 1,174 | | 1,133 | 1,002 | 1,027 | 0,988 |
| | DQuarSym | | 1,576*** | 1,543** | 1,521** | 1,458* | 1,365 |
| | DAngst | | | | 5,993*** | 5,73*** | 5,867*** |
| | DKontaktPsy | | | | 2,859*** | 2,66*** | 2,516*** |
| | DInfUmf | | | | | 1,208 | 1,191 |
| | DWahrInf | | | | | 1,253* | 1,144 |
| | DLangeweile | | | | | 2,553*** | 2,411*** |
| | DSystemrelevanz | | | | | | 0,81 |
| | DHerkunft | | | | | | 0,818 |
| | DVerheiratet | | | | | | 0,853 |
| | DKinder | | | | | | 0,728** |
| | DAlleineLeben | | | | | | 0,968 |
| | DBezBesch | | | | | | 0,892 |
| | DUrban | | | | | | 1,061 |
| | DAkademisch | | | | | | 1,057 |
| | DFreiberuflich | | | | | | 1,273 |
| | DSchülerStudent | | | | | | 1,093 |
| | DEhrenamt | | | | | | 0,618 |
| | Alter | | | | | | 0,988** |
| | Einkommen | | | | | | 0,99993 |
| 4 | DQuar | 2,009*** | | 1,907*** | 1,725*** | 1,754*** | 1,779*** |
| | DQuarSym | | 2,047*** | 1,811*** | 1,631** | 1,608** | 1,471* |
| | DAngst | | | | 8,644*** | 8,334*** | 8,175*** |
| | DKontaktPsy | | | | 4,376*** | 4,168*** | 4,004*** |
| | DInfUmf | | | | | 0,598 | 0,622 |
| | DWahrInf | | | | | 1,175 | 1,031 |
| | DLangeweile | | | | | 2,123*** | 1,907*** |
| | DSystemrelevanz | | | | | | 0,985 |
| | DHerkunft | | | | | | 0,772* |
| | DVerheiratet | | | | | | 0,94 |
| | DKinder | | | | | | 0,994 |
| | DAlleineLeben | | | | | | 1,023 |
| | DBezBesch | | | | | | 0,777 |
| | DUrban | | | | | | 1,113 |
| | DAkademisch | | | | | | 0,827 |

| | | | | | | | |
|---|---|---|---|---|---|---|---|
| | **DFreiberuflich** | | | | | | 0,49* |
| | **DSchülerStudent** | | | | | | 0,889 |
| | **DEhrenamt** | | | | | | 1,327 |
| | **Alter** | | | | | | 0,982*** |
| | **Einkommen** | | | | | | 1,00002 |
| **5** | **DQuar** | 1,485** | | 1,409* | 1,077 | 1,091 | 0,989 |
| | **DQuarSym** | | 1,925*** | 1,811** | 1,928** | 2,038** | 1,694* |
| | **DAngst** | | | | 15,075*** | 14,279*** | 14,709*** |
| | **DKontaktPsy** | | | | 5,862*** | 5,57*** | 5,751*** |
| | **DInfUmf** | | | | | 1,292 | 1,277 |
| | **DWahrInf** | | | | | 1,452** | 1,311 |
| | **DLangeweile** | | | | | 3,34*** | 2,479*** |
| | **DSystemrelevanz** | | | | | | 0,629* |
| | **DHerkunft** | | | | | | 0,938 |
| | **DVerheiratet** | | | | | | 0,665* |
| | **DKinder** | | | | | | 0,688 |
| | **DAlleineLeben** | | | | | | 0,712 |
| | **DBezBesch** | | | | | | 0,877 |
| | **DUrban** | | | | | | 0,872 |
| | **DAkademisch** | | | | | | 0,874 |
| | **DFreiberuflich** | | | | | | 0,558 |
| | **DSchülerStudent** | | | | | | 0,763 |
| | **DEhrenamt** | | | | | | 1,869 |
| | **Alter** | | | | | | 0,977*** |
| | **Einkommen** | | | | | | 0,99984* |
| **6** | **DQuar** | 2,385*** | | 2,123*** | 1,627** | 1,743** | 1,582* |
| | **DQuarSym** | | 3,439*** | 2,971*** | 2,294*** | 2,043** | 1,709 |
| | **DAngst** | | | | 26,602*** | 25,787*** | 23,945*** |
| | **DKontaktPsy** | | | | 8,488*** | 7,922*** | 6,571*** |
| | **DInfUmf** | | | | | 0,535 | 0,723 |
| | **DWahrInf** | | | | | 1,437 | 1,411 |
| | **DLangeweile** | | | | | 4,045*** | 3,305*** |
| | **DSystemrelevanz** | | | | | | 0,695 |
| | **DHerkunft** | | | | | | 0,862 |
| | **DVerheiratet** | | | | | | 0,651 |
| | **DKinder** | | | | | | 1,41 |
| | **DAlleineLeben** | | | | | | 1,613 |
| | **DBezBesch** | | | | | | 0,906 |
| | **DUrban** | | | | | | 1,094 |
| | **DAkademisch** | | | | | | 0,739 |
| | **DFreiberuflich** | | | | | | 0,855 |
| | **DSchülerStudent** | | | | | | 0,856 |

| | | | | | | | |
|---|---|---|---|---|---|---|---|
| | **DEhrenamt** | | | | | | n/a |
| | **Alter** | | | | | | 0,991 |
| | **Einkommen** | | | | | | 0,99996 |
| **7** | **DQuar** | 1,617 | | 1,471 | 0,969 | 0,858 | 0,954 |
| | **DQuarSym** | | 2,735** | 2,552** | 2,418* | 2,458* | 2,194 |
| | **DAngst** | | | | 46,801*** | 46,513*** | 44,917*** |
| | **DKontaktPsy** | | | | 9,842*** | 8,655*** | 7,302*** |
| | **DInfUmf** | | | | | n/a | n/a |
| | **DWahrInf** | | | | | 1,554 | 1,465 |
| | **DLangeweile** | | | | | 8,128*** | 7,804*** |
| | **DSystemrelevanz** | | | | | | 2,2* |
| | **DHerkunft** | | | | | | 0,664 |
| | **DVerheiratet** | | | | | | 0,758 |
| | **DKinder** | | | | | | 0,764 |
| | **DAlleineLeben** | | | | | | 1,593 |
| | **DBezBesch** | | | | | | 0,374* |
| | **DUrban** | | | | | | 1,416 |
| | **DAkademisch** | | | | | | 0,807 |
| | **DFreiberuflich** | | | | | | n/a |
| | **DSchülerStudent** | | | | | | 0,171* |
| | **DEhrenamt** | | | | | | n/a |
| | **Alter** | | | | | | 0,97** |
| | **Einkommen** | | | | | | 0,99984 |
| **8** | **DQuar** | 2,607*** | | 2,306** | 1,413 | 1,647 | 0,886 |
| | **DQuarSym** | | 3,647*** | 3,093*** | 2,385* | 1,549 | 1,804 |
| | **DAngst** | | | | 53,041*** | 52,815*** | 106,814*** |
| | **DKontaktPsy** | | | | 7,798*** | 5,722*** | 5,803*** |
| | **DInfUmf** | | | | | n/a | n/a |
| | **DWahrInf** | | | | | 2,073** | 2,111* |
| | **DLangeweile** | | | | | 3,634*** | 3,201*** |
| | **DSystemrelevanz** | | | | | | 1,167 |
| | **DHerkunft** | | | | | | 1,29 |
| | **DVerheiratet** | | | | | | 0,797 |
| | **DKinder** | | | | | | 0,779 |
| | **DAlleineLeben** | | | | | | 1,059 |
| | **DBezBesch** | | | | | | 0,43 |
| | **DUrban** | | | | | | 1,871 |
| | **DAkademisch** | | | | | | 0,488 |
| | **DFreiberuflich** | | | | | | n/a |
| | **DSchülerStudent** | | | | | | 1,675 |
| | **DEhrenamt** | | | | | | n/a |

| | | | | | | | |
|---|---|---|---|---|---|---|---|
| | Alter | | | | | | 0,986 |
| | Einkommen | | | | | | 1,00001 |
| 9 | DQuar | 3,99** | | 3,345** | 2,382 | 2,347 | 2,415 |
| | DQuarSym | | 5,471** | 4,255** | 3,433* | 3,973* | 3,199 |
| | DAngst | | | | 202,757*** | 201,857*** | 187,406*** |
| | DKontaktPsy | | | | 9,633*** | 9,72*** | 13,242*** |
| | DInfUmf | | | | | n/a | n/a |
| | DWahrInf | | | | | 0,89 | 0,687 |
| | DLangeweile | | | | | 2,7 | 1,787 |
| | DSystemrelevanz | | | | | | 1,323 |
| | DHerkunft | | | | | | 0,386 |
| | DVerheiratet | | | | | | 2,133 |
| | DKinder | | | | | | 0,557 |
| | DAlleineLeben | | | | | | 0,316 |
| | DBezBesch | | | | | | 0,391 |
| | DUrban | | | | | | 1,08 |
| | DAkademisch | | | | | | 0,33 |
| | DFreiberuflich | | | | | | n/a |
| | DSchülerStudent | | | | | | 2,051 |
| | DEhrenamt | | | | | | n/a |
| | Alter | | | | | | 9,72 |
| | Einkommen | | | | | | 1,00011 |
| Immer | DQuar | 5,586*** | | 4,922*** | 3,904** | 3,72** | 3,6* |
| | DQuarSym | | 4,476** | 3,177* | 2,943 | 3,652* | 2,488 |
| | DAngst | | | | 66,058*** | 64,077*** | 107,25*** |
| | DKontaktPsy | | | | 35,132*** | 34,699*** | 62,223*** |
| | DInfUmf | | | | | n/a | n/a |
| | DWahrInf | | | | | 1,024 | 1,032 |
| | DLangeweile | | | | | 4,574*** | 6,775*** |
| | DSystemrelevanz | | | | | | 0,675 |
| | DHerkunft | | | | | | 0,449 |
| | DVerheiratet | | | | | | 2,576 |
| | DKinder | | | | | | 0,287 |
| | DAlleineLeben | | | | | | 0,703 |
| | DBezBesch | | | | | | 0,046** |
| | DUrban | | | | | | 0,393 |
| | DAkademisch | | | | | | 0,749 |
| | DFreiberuflich | | | | | | 0,731 |
| | DSchülerStudent | | | | | | 0,667 |

| | | | | | | | |
|---|---|---|---|---|---|---|---|
| **DEhrenamt** | | | | | | | n/a |
| **Alter** | | | | | | | 0,949* |
| **Einkommen** | | | | | | | 1,00025* |
| Statistiken: | | | | | | | |
| Anzahl der Beobachtungen | 5254 | 5254 | 5254 | 4602 | 4560 | 4174 | |
| AIC | 156 | 151 | 263 | 669 | 1607 | 12370 | |
| BIC | 287 | 282 | 460 | 991 | 2121 | 13701 | |
| Pseudo-$R^2$ (McFadden) | ,003 | ,003 | ,006 | ,055 | ,062 | ,077 | |

* = Signifikanzniveau von 10 %; ** = Signifikanzniveau von 5 %; *** = Signifikanzniveau von 1 %

n/a=keine Antwort

Die Referenzkategorie lautet „nie“.

# 7 Diskussion

Das Erforschen des Einflusses von Infektionsschutzmaßnahmen auf die Psyche ist von großer Bedeutung, um potenzielle Risiken gegenüber dem Nutzen abwägen zu können. Die vorliegende Arbeit widmet sich der Analyse des Zusammenhangs von Quarantäne, depressiven Gefühlen und Angsterleben unter Verwendung eines repräsentativen Datensatzes niederländischer Personen. Auf Grundlage theoretischer Überlegungen wurde angenommen, dass Quarantäne zum einen mit depressiven Gefühlen und zum anderen mit Angsterleben einhergeht. Da sich relevante Geschlechtsunterschiede identifizieren ließen, wurde die quantitative Analyse separat für Männer und Frauen realisiert. Es wurden insgesamt vier Regressionsanalysen durchgeführt. Für das Angsterleben und die depressiven Gefühle von Männern wurden ordinale logistische Regressionen gerechnet, während bei den Frauen für beide Einflussgrößen multinomiale logistische Regressionen durchgeführt wurden. Diese Verfahren erlauben es, den isolierten Einfluss von Quarantänemaßnahmen zu ermitteln. Für Männer zeigten sich folgende Ergebnisse: Wenn sich ein Mann in Quarantäne ohne Symptome befindet, steigt die Wahrscheinlichkeit in eine höhere Kategorie des Angsterlebens beziehungsweise der depressiven Gefühle zu fallen um den Faktor 1,247 ($p<0{,}01$), beziehungsweise 1,214 ($p<0{,}05$), wenn man alle anderen Vektoren gleich hält. Quarantäne mit Symptomen übte *ceteris paribus* bei den Männern keinen statistisch signifikanten Einfluss auf das Angsterleben oder die depressiven Gefühle aus. Bei den Frauen fallen die Ergebnisse angesichts der multinomialen logistischen Regressionen diffus aus. Es fällt auf, dass der Einfluss von Quarantänemaßnahmen nur gelegentlich statistische Signifikanz erreicht. Diese statistische Signifikanz geht jedoch in jedem Fall mit einem steigernden Einfluss von Quarantänemaßnahmen auf das Angsterleben oder die depressiven Gefühle einher. Überdies ist anzumerken, dass das Hinzufügen weiterer Parameter unabhängig des Geschlechts den Einfluss von Quarantäne auf das Angsterleben und die depressiven Gefühle gesenkt hat. Außerdem ist zu beobachten, dass die antizipierte Langeweile, eine hohe wahrgenommene Infektionswahrscheinlichkeit von COVID-19, das Zusammenleben mit Kindern oder allein zu leben relevante steigernde Einflussgrößen auf das Angsterleben und die depressiven Gefühle sind. Entgegenstehend sind niederländische Herkunft, steigendes Alter und Einkommen relevante abschwächende Faktoren des Angsterlebens und der depressiven Gefühle. Übereinstimmend mit Brooks et al. (2020) zeigte sich, dass sich ehrenamtliche Tätigkeit als Stellvertretervariable für Altruismus senkend auf das Angsterleben und die depressiven Gefühle auswirkt. Die Stellvertretervariablen für psychische Vorerkrankung und jüngeres Alter, das unter anderem höheres Nutzungsverhalten sozialer Medien inkludiert, zeigen beide den angenommenen (Brooks et al., 2020) positiven Einfluss auf das Angsterleben und die depressiven Gefühle. Überraschenderweise übte die Stellvertretervariable für die Tätigkeit im Gesundheitssektor, also die systemrelevante Tätigkeit, keinen bedeutsamen Einfluss auf das Angsterleben und die depressiven Gefühle der Teilnehmenden aus. Die Ergebnisse stimmen bezüglich der Variablen des Hauptinteresses mit früheren Studien überein, sodass sie den gegenwärtigen Forschungsstand untermauern und ergänzen. Weiterhin ist anzumerken, dass einige Variablen, die aus theoretischer Perspektive oder auf Grundlage vergangener Studien relevant sind wie beispielsweise der Bildungsstand oder die Urbanität des Wohnorts, in der vorliegenden Arbeit einen unwesentlichen Einfluss ausübten.

Eine Limitation der vorliegenden Arbeit ergibt sich daraus, dass es sich bei den Quarantänemaßnahmen lediglich um Empfehlungen handelte, die die Teilnehmenden freiwillig einhalten konnten und diese nicht zufällig oder auf Grundlage von Krankheitssymptomen angeordnet wurden. Eine Randomisierung der Gruppen ist also nicht gegeben. Es ist folglich plausibel, dass sich ängstlichere Personen eher in Quarantäne begeben haben, da sie stärkere Angst vor einer Infektion empfinden und nicht die Quarantäne zu stärkerem Angsterleben geführt hat. Es wurde jedoch mittels der Dummy-Variable, ob die Person die Wahrscheinlichkeit einer COVID-19-Infektion als hoch einstuft, teilweise für die Angst vor einer COVID-19-Infektion kontrolliert. Es ist zudem zu vermuten, dass sich depressivere Personen eher in Quarantäne begeben haben, da es ihnen ohnehin schwieriger fällt, soziale Kontakte zu pflegen oder außerhäusliche Tätigkeiten in Angriff zu nehmen (DGPPN, 2015). Außerdem wurde zum Messen des Angsterlebens oder depressiver Gefühle kein standardisierter und validierter Fragebogen, sondern lediglich einzelne Items verwendet. Dies kann dazu führen, dass das Angsterleben und die depressiven Gefühle nicht hinreichend präzise erfasst werden konnten. Überdies wurde die Dauer der Quarantäne nicht metrisch, sondern lediglich dichotom erfasst. Es ist anzunehmen, dass eine Quarantäne, die zehn Tage andauert, sich anders auswirkt als eine Quarantäne, die lediglich zwei Tage andauert. Zudem lässt sich auf Grundlage früherer Untersuchungen eine Dosis-Wirkung-Beziehung zwischen Quarantäne und Angsterleben oder depressiven Gefühlen vermuten (Brooks et al., 2020; Henssler et al., 2020; Xiong et al., 2020). Diese Differenzierung konnte nicht vorgenommen werden. Zuletzt können die Stellvertretervariablen als Limitation angeführt werden. Sie bieten zwar die Möglichkeit, den Einfluss der tatsächlichen Variable zu vermuten, können jene Variable jedoch nur indirekt und deshalb nicht akkurat messen.

Überdies lassen sich auf Grundlage der vorliegenden Arbeit Praxisempfehlungen ableiten: Es konnte festgestellt werden, dass sich die antizipierte Langeweile und Quarantäne negativ auf die psychische Gesundheit der Teilnehmenden auswirken. Deshalb sollte versucht werden, Langeweile zu reduzieren und zwischenmenschliche Kommunikation zu unterstützen. Dies könnte beispielsweise in Chatgruppen mit anderen, die sich ebenfalls in Quarantäne befinden, geschehen. Auch psychologische Beratung oder Psychotherapie könnten sich eignen, um die negativen Konsequenzen einer Quarantäne abzufangen. Diese müsste jedoch, um den Zweck der Quarantänemaßnahme weiterhin zu erfüllen, kontaktlos erfolgen, zum Beispiel per Telefon oder online. Zudem lassen sich auf Grundlage der Ergebnisse einige Risikogruppen identifizieren, die überproportional hohes Angsterleben und stärkere depressive Gefühle zeigen. Besonders betroffen von der COVID-19-Pandemie sind Menschen mit einem Migrationshintergrund sowie Personen, die psychisch vorbelastet oder jünger sind. Maßnahmen zu entwickeln, die bei diesen Personengruppen ansetzen, wäre von besonderer Bedeutung.

Für weiterführende Forschung würde sich insbesondere der Aspekt des Altruismus anbieten. Es könnte untersucht werden, ob sich ein Workshop zum Thema Altruismus während Krankheitsausbrüchen schützend auf die negativen psychologischen Konsequenzen einer Quarantäne auswirkt. Außerdem wäre es von Bedeutung zu untersuchen, wie sich andere Infektionsschutzmaßnahmen, wie beispielsweise ein Verbot von Massenveranstaltungen oder die Schließung von verschiedenen Bildungs-, Freizeit- und Kulturangeboten auf die Psyche, im Speziellen auf die depressiven Gefühle und das Angsterleben, auswirken. Auf Grundlage solcher Ergebnisse könnte das Kosten-Nutzen-Verhältnis von Infektionsschutzmaßnahmen besser eingeschätzt werden, sodass die Entscheidung für eine spezifische Maßnahme angemessen und informiert getroffen werden kann.

# Literaturverzeichnis

Baxter, A. J., Scott, K. M., Vos, T., & Whiteford, H. A. (2012). Global prevalence of anxiety disorders: a systematic review and meta-regression. *Psychological Medicine, 43*(5), 897–910. doi:10.1017/S003329171200147X

Bem, S. L. (1981). Gender schema theory: A cognitive account of sex typing. *Psychological Review, 88*(4), 354–364. doi:10.1037/0033-295X.88.4.354

Berkmann, L. F., Glass, T., Brissette, I., & Seeman, T. E. (2000). From Social Integration to Health: Durkheim in the New Millenium. *Social Science and Medicine, 51*(6), 843–857. doi:10.1016/s0277-9536(00)00065-4

Brooks, S. K., Webster, R. K., Smith, L. E., Woodland, L., Wessely, S., Greenberg, N., & Rubin, G. J. (2020). The psychological impact of quarantine and how to reduce it: rapid review of the evidence. *The Lancet, 395*, 912–920. doi:10.1016/S0140-6736(20)30460-8

Casagrande, M., Favieri, F., Tambelli, R., & Forte, G. (2020). The enemy who sealed the world: effects quarantine due to the COVID-19 on sleep quality, anxiety, and psychological distress in the Italian population. *Sleep Medicine, 75*, 12–20. doi:10.1016/j.sleep.2020.05.011

CentERdata (2019). *Health > Wave 12. Longitudinal Wave.* Verfügbar unter https://www.dataarchive.lissdata.nl/study_units/view/977 [25.05.2021]

CentERdata (2020). *Effects of the Outbreak of Covid-19 > Part 1. Longitudinal Wave.* Verfügbar unter https://www.dataarchive.lissdata.nl/study_units/view/929 [25.05.2021]

Chtourou, H., Trabelsi, K., H'mida, C., Boukhris, O., Glenn, J. M., Brach, M., Bentlage, E., Bott, N., Shephard, R. J., Ammar, A., & Bragazzi, N. L. (2020). Staying Physically Active During the Quarantine and Self-Isolation Period for Controlling and Mitigating the COVID-19

Pandemic: A Systematic Overview of the Literature. *Frontiers in Psychology, 11*, 1708. doi:10.3389/fpsyg.2020.01708

Clark, E., Fredricks, K., Woc-Colburn, L. Bottazzi, M. E., & Weatherhead, J. (2020). Disproportionate impact of the COVID-19 pandemic on immigrant communities in the United States. *PLoS Neglected Tropical Diseases, 14*(7). doi:10.1371/journal.pntd.0008484

Cobb, S. (1976). Social support as a moderator of life stress. *Psychosomatic Medicine, 38*(5), 300–314. doi:10.1097/00006842-197609000-00003

Cohen, S., & Wills, T. A. (1985). Stress, social support, and the buffering hypothesis. *Psychological Bulletin, 98*(2), 310–357. doi:10.1037/0033-2909.98.2.310

DGPPN (Deutsche Gesellschaft für Psychiatrie, Psychosomatik und Nervenheilkunde e. V.). (2015). *S3-Leitlinie/Nationale VersorgungsLeitlinie. Unipolare Depression. Langfassung.* 2. Auflage. Version 5. Verfügbar unter https://www.awmf.org/uploads/tx_szleitlinien/nvl-005l_S3_Unipolare_Depression_2017-05.pdf [11.09.2021]

Fancourt, D., Steptoe, A., & Bu, F. (2020). Trajectories of anxiety and depressive symptoms during enforced isolation due to COVID-19: longitudinal analyses of 36,520 adults in England. *Lancet Psychiatry, 8*(2), 141–149. doi:10.1016/S2215-0366(20)30482-X

Fernandez, R. S., Crivelli, L., Guimet, N. M., Allegri, R. F., & Pedreira, M. E. (2020). Psychological distress associated with COVID-19 quarantine: Latent profile analysis, outcome prediction and mediation analysis. *Journal of Affective Disorders, 277*, 75–84. doi:10.1016/j.jad.2020.07.133

Gan, Y., Ma, J., Wu, J., Chen, Y., Zhu, H., & Hall, B. J. (2020). Immediate and delayed psychological effects of province-wide lockdown and personal quarantine during the COVID-19 outbreak in China. *Psychological Medicine*, 1–12. doi:10.1017/S0033291720003116

Gonzales-Sanguino, C., Ausin, B., Castellanos, M. A., Saiz, J., Lopez-Gomez, A., Ugidos, C., & Munoz, M. (2020). Mental health consequences during the initial stage of the 2020 Coronavirus pandemic (COVID-19) in Spain. *Brain, Behavior, and Immunity, 87*, 172–176. doi:10.1016/j.bbi.2020.05.040

Guadagno, L. (2020). *Migrants and the COVID-19 pandemic: An initial analysis.* Migration Research Series N60. International Organization for Migration (IOM).

Hallgren, M., Kandola, A., Stubbs, B., Nguyen, T.-T.-D., Wallin, P., Andersson, G., & Ekblom-Bak, E. (2020). Associations of exercise frequency and cardiorespiratory fitness with symptoms of depression and anxiety – a cross-sectional study of 36,595 adults. *Mental Health and Physical Activity, 19*, 100351. doi:10.1016/j.mhpa.2020.100351

Henssler, J., Stock, F., van Bohemen, J., Walter, H., Heinz, A., & Brandt, L. (2020). Mental health effects of infection containment strategies: quarantine and isolation—a systematic review and meta-analysis. *European Archives of Psychiatry and Clinical Neuroscience.* doi:10.1007/s00406-020-01196-x

Holt-Lunstad, J., Smith, T. B., Baker, M., Harris, T., & Stephenson, D. (2015). Loneliness and Social Isolation as Risk Factors for Mortality: A Meta-Analytic Review. *Perspectives on Psychological Science, 10*(2), 227–237. doi:10.1177/1745691614568352

Hossain, M., Sultana, A., & Purohit, N. (2020). Mental health outcomes of quarantine and isolation for infection prevention: a systematic umbrella review of the global evidence. *Epidemiology and Health, 42*, 1–11. doi:10.4178/epih.e2020038

Khan, A. H., Sultana, S., Hossain, S., Hasan, M. T., Ahmed, H. U., & Sikder, T. (2020). The impact of COVID-19 pandemic on mental health & wellbeing among home-quarantined Bangladeshi students: A cross-sectional pilot study. *Journal of Affective Disorders, 277*, 121–128. doi:10.1016/j.jad.2020.07.135

Knoll, N. & Schwarzer, R. (2005). Soziale Unterstützung. In R. Schwarzer (Hrsg.), *Gesundheitspsychologie. Enzyklopädie der Psychologie* (333–349). Göttingen: Hogrefe.

Lake, R. I. E., Eaves, L. J., Maes, H. H. M., Heath, A. C., & Martin, N. G. (2000). Further evidence against the environmental transmission of individual differences in neuroticism from a collaborative study of 45,850 twins and relatives on two continents. *Behavior Genetics, 30*(3), 223–233. doi:10.1016/j.cpr.2009.05.003

Lazarus, R. S. & Folkman, S. (1984). *Stress, appraisal, and coping.* New York, NY: Springer.

Lei, L., Huang, X., Zhang, S., Yang, J., Yang, L., & Xu, M. (2020). Comparison of Prevalence and Associated Factors of Anxiety and Depression Among People Affected by versus People Unaffected by Quarantine During the COVID-19 Epidemic in Southwestern China. *Medical Science Monitor, 26*, doi:10.12659/MSM.924609

Long, J. S., & Freese, J. (2006). *Regression Models for Categorical Dependent Variables Using Stata* (2. Aufl.). Texas: Taylor & Francis.

Liu, N., Zhang, F., Wie, C., Jia, Y., Shang, Z., Sun, L., Wu, L., Sun, Z., Zhuo, Y., Wang, Y., & Liu, W. (2020). Prevalence and predictors of PTSS during COVID-19 outbreak in China hardest-hit areas: Gender differences matter. *Psychiatry Research, 287*, 112921. doi:10.1016/j.psychres.2020.112921

McFadden, D. (1977). *Quantitative Methods for analyzing travel behavior of individuals: Some recent developments.* Cowles Foundation Discussion Paper 474. Verfügbar unter https://core.ac.uk/download/pdf/6448852.pdf [21.09.2021]

McLean, C. P. & Anderson, E. R. (2020). Brave men and timid women? A review of the gender differences in fear and anxiety. *Clinical Psychology Review, 29*(6), 496-505. doi:10.1016/j.cpr.2009.05.003

Mischler, F. (2021). Verdienstunterschiede zwischen Männern und Frauen. Eine Ursachenanalyse auf Grundlage der Verdienststrukturerhebung 2018. *WISTA – Wirtschaft und Statistik, 4*, 110–126.

Özdin, S. & Özdin, S. B. (2020). Levels and predictors of anxiety, depression and health anxiety during COVID-19 pandemic in Turkish society: The importance of gender. *International Journal of Social Psychiatry, 66*(5), 504–511. doi:10.1177/0020764020927051

Peng, M., Mo, B., Liu, Y., Xu, M., Song, X., Liu, L., Fang, Y., Guo, T., Ye, J., Yu, Z., Deng, Q., & Zhang, X. (2020). Prevalence, risk factors and clinical correlates of depression in quarantined population during the COVID-19 outbreak. *Journal of Affective Disorders, 275*, 119–124. doi:10.1016/j.jad.2020.06.035

Perrin, A. (2015). *Social Media Usage: 2005-2015.* Verfügbar unter https://www.secretintelligenceservice.org/wp-content/uploads/2016/02/

PI_2015-10-08_Social-Networking-Usage-2005-2015_FINAL.pdf [26.02.2021]

Robichaud, M., Dugas, M. J., & Conway, M. (2003). Gender differences in worry and associated cognitive-behavioral variables. *Journal of Anxiety Disorders, 17*, 501–516. doi.org/10.1016/S0887-6185(02)00237-2

Ross, C. E., & Mirowsky, J. (2002). Age and the gender gap in the sense of personal control. *Social Psychology Quarterly, 65*(2), 125–145. doi:10.2307/3090097

Rotter, J. B. (1966). Generalized expectancies for internal versus external control of reinforcement. *Psychological Monographs: General and Applied, 80*(1), 1–28. doi:10.1037/h0092976

Statistisches Bundesamt (2020). *Erwerbstätigenquoten 1991 bis 2020.* Verfügbar unter https://www.destatis.de/DE/Themen/Arbeit/Arbeitsmarkt/Erwerbstaetigkeit/Tabellen/erwerbstaetigenquoten-gebietsstand-geschlecht-altergruppe-mikrozensus.html [09.09.2021]

Stoetzer, M.-W. (2020). *Regressionsanalyse in der empirischen Wirtschafts- und Sozialforschung Band 2. Komplexe Verfahren.* Berlin: Springer.

Streiner, D. L. (2003). Starting at the beginning: An introduction to coefficient alpha and internal consistency. *Journal of Personality Assessment, 80*(1), 99–103. doi:10.1207/S15327752JPA8001_18

Tang, W., Hu, T., Hu, B., Jin, C., Wang, G., Xie, C., Chen, S., & Xu, J. (2020). Prevalence and correlates of PTSD and depressive symptoms one month after the outbreak of the COVID-19 epidemic in a sample of homequarantined Chinese university students. *Journal of Affective Disorders, 274*, 1–7. doi:10.1016/j.jad.2020.05.009

Tang, F., Liang, J., Zhang, H., Kelifa, M. M., He, Q., & Wang, P. (2021). COVID-19 related depression and anxiety among quarantined respondents. *Psychology & Health, 36*(2), 164–178. doi:10.1080/08870446.2020.1782410

Viana, R. B. & de Lira, C. A. B. (2020). Exergames as Coping Strategies for Anxiety Disorders During the COVID-19 Quarantine Period. *Games for Health Journal, 9*(3), 147-149. doi:10.1089/g4h.2020.0060

WHO (2020a). *Novel Coronavirus(2019-nCoV). Situation Report – 10.* Verfügbar unter https://www.who.int/docs/default-source/coronaviruse/situation-reports/20200130-sitrep-10-ncov.pdf [08.02.2021]

WHO. (2020b). *Novel Coronavirus(2019-nCoV). Situation Report – 51.* Verfügbar unter https://www.who.int/docs/default-source/coronaviruse/situation-reports/20200311-sitrep-51-covid-19.pdf [08.02.2021]

WHO. (2021). *WHO Coronavirus Disease (COVID-19) Dashboard.* Verfügbar unter https://covid19.who.int/ [21.09.2021]

Wittchen, H.-U. & Hoyer, J. (2011). *Klinische Psychologie & Psychotherapie* (2. Aufl.). Heidelberg: Springer.

Xin, M., et al. (2020). Negative cognitive and psychological correlates of mandatory quarantine during the initial COVID-19 outbreak in China. *American Psychologist, 75*(5), 607–617. doi:10.1037/amp0000692

Xiong, J., Lipsitz, O., Nasri, F., Lui, L. M. W., Gill, H., Phan, L., Chen-Li, D., Iacobucci, M., Ho, R., Majeed, A., McIntyre, R. S. (2020). Impact of COVID-19 pandemic on mental health in the general population: A systematic review. *Journal of Affective Disorders, 277*, 55–64. doi:10.1016/j.jad.2020.08.001

Zhu, S., Wu, Y., Zhu, C. Hong, W., Yu, Z., Chen, Z., Chen, Z., Jiang, D., & Wang, Y. (2020). The immediate mental health impacts of the COVID-19 pandemic among people with or without quarantine managements. *Brain, Behavior, and Immunity, 87*, 56–58. doi:10.1016/j.bbi.2020.04.045

Zuckerman, M. (1999). *Vulnerability to psychopathology: A biosocial model.* American Psychological Association. doi:10.1037/10316-000

# Appendix 1 – Modellauswahl

## Ordinale logistische Regression – Modellauswahl für Männer

Tabelle 6 zeigt einen kompakten Vergleich zwischen verschiedenen gängigen Regressionen. Sie zeigt, dass die ordinale probit Regression (OP) und die ordinale logistische Regression (OL) gegenüber der Poisson Regression (PR), negativ binomialen Regression (NBR) und Ordinary Least Squares (OLS) präferiert ist. Da die Annahme paralleler Regressionslinien erfüllt wurde, können die ordinale Regression angewendet werden. Der Parallelitätstest für Linien zeigt in beiden Fällen ein nicht-signifikantes Ergebnis. Das Akaike Information Criterion (AIC) mit 7942 und das Bayesian Schwarz Information Criterion (BIC) mit 8048 zeigen beide in die Richtung der ordinalen probit Regression, da sie hier die niedrigsten und somit besten Werte aufweisen. Die ordinale logistische Regression zeigt jedoch sehr ähnliche Werte. Beide Modellauswahlkriterien unterscheiden sich lediglich um drei Einheiten, sodass diese als gleichwertig angesehen werden können. Aus Gründen der Effizienz wurde auf die ordinale logistische Regression zurückgegriffen. Die Auswahl der ordinalen Regression lässt sich also im direkten Vergleich mittels statistischer Auswahlkriterien bestätigen. Die Ergebnisse gelten gleichermaßen für die depressiven Gefühle von Männern, obwohl hier lediglich die Ergebnisse des Angsterlebens von Männern präsentiert wurden. Darüber hinaus enthält die Tabelle 7 einen Vergleich der ordinalen logistischen Regression und *Ordinary Least Squares* des Angsterlebens von Männern.

**Tabelle 6:** Vergleich zwischen ordinaler logistischer Regression, ordinaler probit Regression, Ordinary Least Squares, Poisson Regression und negativ binomialer Regression, Angsterleben von Männern

| **OP** | **AIC=7942** | **BIC=8048** | **Bevorzuge** | **Über** |
|---|---|---|---|---|
| vs | AIC=7945 | dif=3 | OP | OL |
| OL | BIC=8051 | dif=3 | | |
| vs | AIC=10032 | dif=2090 | OP | OLS |
| OLS | BIC=10119 | dif=2041 | | |
| vs | AIC=9475 | dif=1533 | OP | PR |
| PR | BIC=9556 | dif=1508 | | |
| vs | AIC=10440 | dif=2498 | OP | NBR |
| NBR | BIC=10521 | dif=2473 | | |
| **OL** | **AIC=7945** | **BIC=8051** | **Bevorzuge** | **Über** |
| vs | AIC=10032 | dif=2087 | OL | OLS |
| OLS | BIC=10119 | dif=1968 | | |
| vs | AIC=9475 | dif=1530 | OL | PR |
| PR | BIC=9556 | dif=1505 | | |
| vs | AIC=10440 | dif=2495 | OL | NBR |
| NBR | BIC=10521 | dif=2470 | | |
| **OLS** | **AIC=10032** | **BIC=10119** | **Bevorzuge** | **Über** |
| vs | AIC=9475 | dif=557 | PR | OLS |
| PR | BIC=9556 | dif=563 | | |
| vs | AIC=10440 | dif=408 | OLS | NBR |
| NBR | BIC=10521 | dif=402 | | |
| **PR** | **AIC=9475** | **BIC=9556** | **Bevorzuge** | **Über** |
| vs | AIC=10440 | dif=965 | PR | NBR |
| NBR | BIC=10521 | dif=965 | | |

**Tabelle 7:** Vergleich zwischen der ordinalen logistischen Regression und Ordinary Least Squares, Angsterleben von Männern

| | OL | OLS |
|---|---|---|
| **DQuar** | 1,247** | ,13*** |
| **DQuarSym** | 1,054 | -,047 |
| **DDepression** | 9,914*** | 1,314*** |
| **DKontaktPsy** | 3,052*** | ,574*** |
| **DInfektionUmfeld** | 1,062 | ,019 |
| **DWahrInf** | 1,4*** | ,185*** |
| **DLangeweile** | 1,995*** | ,351*** |
| **DSystemrelevanz** | 0,858 | -,065 |
| **DHerkunft** | 0,684*** | -,197*** |
| **DVerheiratet** | 1,047 | ,011 |
| **DKinder** | 1,266*** | ,099** |
| **DAlleineLeben** | 1,083 | ,037 |
| **DBezBesch** | 1,067 | -,002 |
| **DUrban** | 1,1 | ,06* |
| **DAkademisch** | 1,006 | -,014 |
| **DFreiberuflich** | 1,129 | ,038 |
| **DSchülerStudent** | 1,28 | -,14 |
| **DEhrenamt** | 0,63** | -,279** |
| **Alter** | 0,989*** | -,006*** |
| **Einkommen** | 0,99989*** | -,000047*** |
| | | |
| Statistiken | | |
| Anzahl der Beobachtungen | 4604 | 4604 |
| AIC | 7945 | 10032 |
| BIC | 8051 | 10119 |

* = Signifikanzniveau von 0,1; ** = Signifikanzniveau von 0,05; *** = Signifikanzniveau von 0,01

## Multinomiale logistische Regression – Modellauswahl für Frauen

Tabelle 8 zeigt einen kompakten Vergleich zwischen verschiedenen gängigen Regressionen. Sie zeigt, dass multinomiale logistische Regression (MLR) gegenüber der Poisson Regression (PR), negativ binomialen Regression (NBR) und Ordinary Least Squares (OLS) präferiert ist. Da die Annahme paralleler Regressionslinien nicht erfüllt wurde, muss das Verwenden von ordinalen Regressionen abgelehnt werden. Der Parallelitätstest für Linien zeigt in beiden Fällen ein signifikantes Ergebnis. Das Akaike Information Criterion (AIC) mit 9825 und das Bayesian Schwarz Information Criterion (BIC) mit 10555 zeigen in Richtung der multinomialen logistischen Regression, da sie hier die niedrigsten und somit besten Werte aufweisen. Die Auswahl des multinomialen logistischen Regression lässt sich also im direkten Vergleich mittels statistischer Auswahlkriterien bestätigen. Die Ergebnisse gelten gleichermaßen für die depressiven Gefühle von Frauen, obwohl hier lediglich die Ergebnisse des Angsterlebens von Frauen präsentiert wurden. Überdies enthält die Tabelle 9 eine Gegenüberstellung der multinomialen logistischen Regression und *Ordinary Least Squares* des Angsterlebens von Frauen.

**Tabelle 8:** Vergleich zwischen multinomialer logistischer Regression, Ordinary Least Squares, Poisson Regression und negativ binomialer Regression, Angsterleben von Frauen

| **MLR** | **AIC=9825** | **BIC=10555** | **Bevorzuge** |
|---|---|---|---|
| vs | AIC=12040 | dif=2215 | MLR |
| OLS | BIC=12109 | dif=1554 | |
| vs | AIC=11692 | dif=1867 | MLR |
| PR | BIC=11837 | dif=1282 | |
| vs | AIC=13269 | dif=3444 | MLR |
| NBR | BIC=13415 | dif=2860 | |
| **OLS** | **AIC=12040** | **BIC=12109** | **Bevorzuge** |
| vs | AIC=11692 | dif=348 | PR |
| PR | BIC=11837 | dif=272 | |
| vs | AIC=13269 | dif=1229 | OLS |
| NBR | BIC=13415 | dif=1036 | |
| **PR** | **AIC=11692** | **BIC=11837** | **Bevorzuge** |
| vs | AIC=13269 | dif=1577 | PR |
| NBR | BIC=13415 | dif=1578 | |

**Tabelle 9:** Vergleich zwischen multinomialer logistischer Regression und Ordinary Least Squares, Angsterleben von Frauen

| | MLR | OLS |
|---|---|---|
| **DQuar** | | ,226*** |
| **DQuarSym** | | ,176*** |
| **DDepression** | | 1,54*** |
| **DKontaktPsy** | | ,53*** |
| **DInfektionUmfeld** | | -,09 |
| **DWahrInf** | | ,156*** |
| **DLangeweile** | | ,194*** |
| **DSystemrelevanz** | | -,044 |
| **DHerkunft** | | -,114*** |
| **DVerheiratet** | | ,001 |
| **DKinder** | | -,071* |
| **DAlleineLeben** | | -,016 |
| **DBezBesch** | | -,059 |
| **DUrban** | | ,016 |
| **DAkademisch** | | -,026 |
| **DFreiberuflich** | | ,036 |
| **DSchülerStudent** | | -,044 |
| **DEhrenamt** | | ,003 |
| **Alter** | | -,01*** |
| **Einkommen** | | -,000007 |
| | | |
| Statistiken | | |
| Anzahl der Beobachtungen | 5254 | 5254 |
| AIC | 9825 | 12040 |
| BIC | 10555 | 12109 |

* = Signifikanzniveau von 0,1; ** = Signifikanzniveau von 0,05; *** = Signifikanzniveau von 0,01

Da sich die Ergebnisse jeder Kombination aus der jeweiligen Kategorie und der Referenzkategorie unterscheiden, lassen sich hier die Ergebnisse der multinomialen logistischen Regression nicht darstellen.

# Appendix 2 – Variablen

**Tabelle 10:** Abhängige und unabhängige Variablen der Datenanalyse

| Abhängige Variable: | Erklärung: |
|---|---|
| Pr ($y = m \mid x$) | Abhängige Variable im ordinalen logistischen und multinomial logistischen Modell. Wahrscheinlichkeit des Eintretens einer bestimmten Häufigkeit des Angsterlebens oder der depressiven Gefühle. |
| Unabhängige Variablen: | |
| DQuarSym | 1, wenn sich das Individuum in Quarantäne mit Symptomen befindet<br><br>0 andernfalls |
| DQuar | 1, wenn sich das Individuum in Quarantäne ohne Symptome befindet<br><br>0 andernfalls |
| DWahrInf | 1, wenn das Individuum die Wahrscheinlichkeit einer COVID-19-Infektion mindestens hoch einschätzt<br><br>0 andernfalls |
| DInfektionUmfeld | 1, wenn im Umfeld des Individuums eine COVID-19-Infektion vorliegt<br><br>0 andernfalls |
| Einkommen | Einkommen des Individuums in Euro pro Monat |
| Alter | Alter des Individuums in Jahren |
| DSystemrelevanz | 1, wenn sich das Individuum in systemrelevanter Beschäftigung befindet<br><br>0 andernfalls |
| DAlleineLeben | 1, wenn das Individuum alleine lebt<br><br>0 andernfalls |
| DKinder | 1, wenn sich ein Kind oder Kinder im Haushalt des Individuums befindet oder befinden<br><br>0 andernfalls |

| | |
|---|---|
| DLangeweile | 1, wenn das Individuum mindestens hohe Langeweile antizipiert<br>0 andernfalls |
| DUrban | 1, wenn das Individuum in einem urbanen Wohnort lebt<br>0 andernfalls |
| DAkademisch | 1, wenn das Individuum über einen akademischen Abschluss verfügt<br>0 andernfalls |
| DHerkunft | 1, wenn das Individuum niederländischer Herkunft ist<br>0 andernfalls |
| DBezBesch | 1, wenn sich das Individuum in bezahlter Beschäftigung befindet<br>0 andernfalls |
| DFreiberuflich | 1, wenn das Individuum freiberuflich tätig ist<br>0 andernfalls |
| DSchülerStudent | 1, wenn das Individuum an einer Hochschule immatrikuliert oder in einer Schule eingeschrieben ist<br>0 andernfalls |
| DEhrenamt | 1, wenn das Individuum ehrenamtlich tätig ist<br>0 andernfalls |
| DVerheiratet | 1, wenn das Individuum verheiratet ist<br>0 andernfalls |
| DDepression | 1, wenn sich das Individuum in der depressiven Gruppe (Werte von $\geq 6$) befindet<br>0 andernfalls |
| DAngst | 1, wenn sich das Individuum in der ängstlichen Gruppe (Werte von $\geq 3$) befindet<br>0 andernfalls |
| DKontaktPsy | 1, wenn das Individuum bereits Kontakt mit einer psychologischen Fachkraft hatte<br>0 andernfalls |

# Appendix 3 – Grafische Darstellungen der Variablen

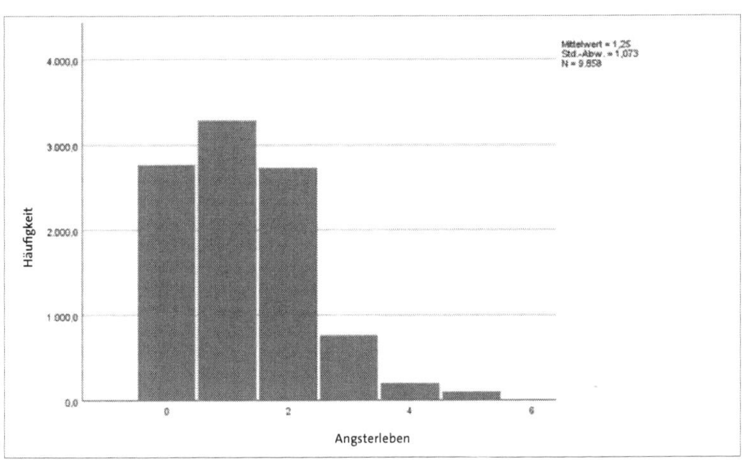


**Abbildung 2:** Histogramm Angsterleben

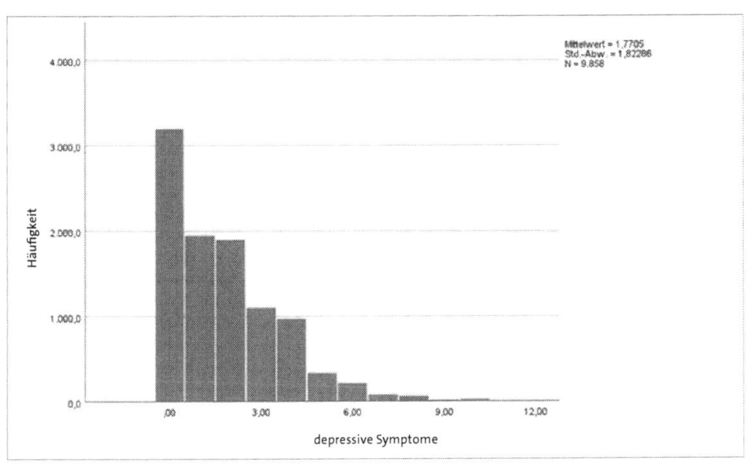


**Abbildung 3:** Histogramm depressive Gefühle

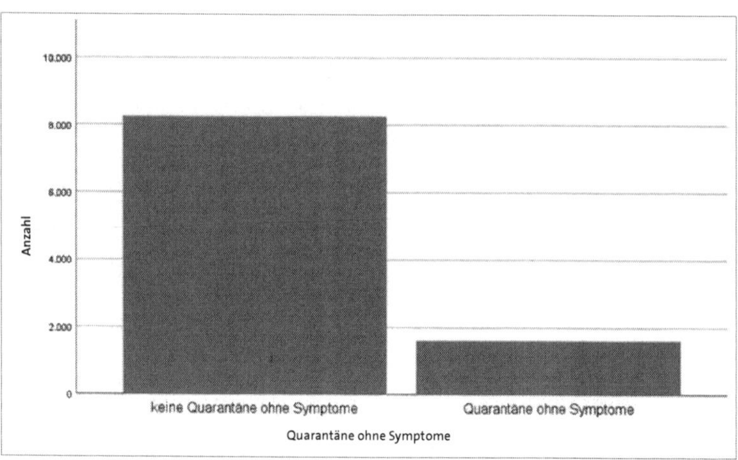


**Abbildung 4:** Histogramm Quarantäne ohne Symptome

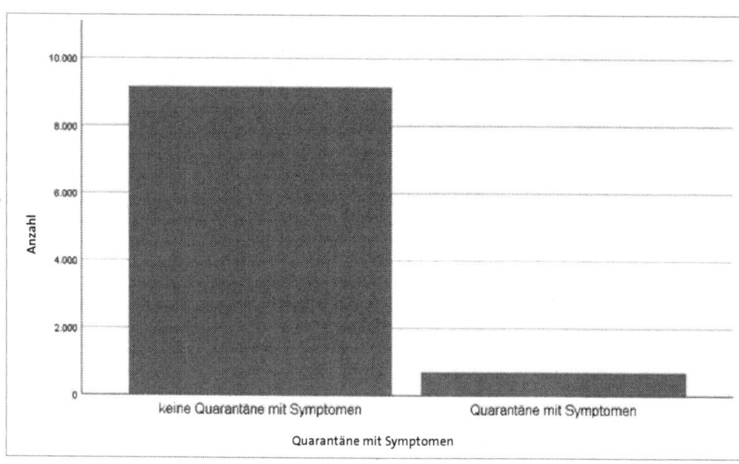


**Abbildung 5:** Histogramm Quarantäne mit Symptomen

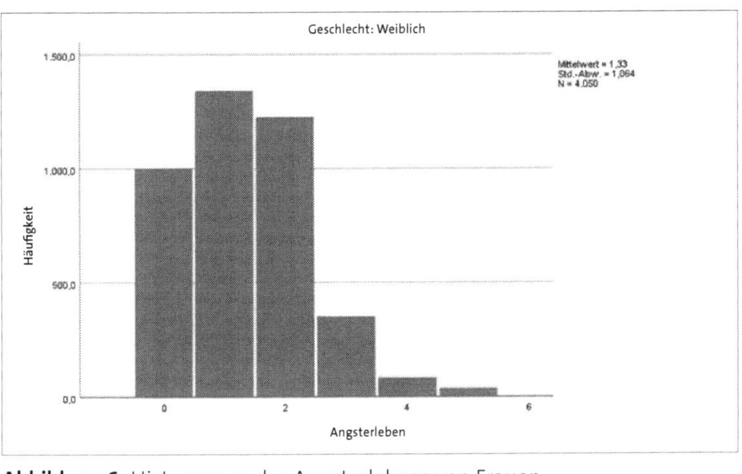


**Abbildung 6:** Histogramm des Angsterlebens von Frauen, die sich nicht in Quarantäne befinden

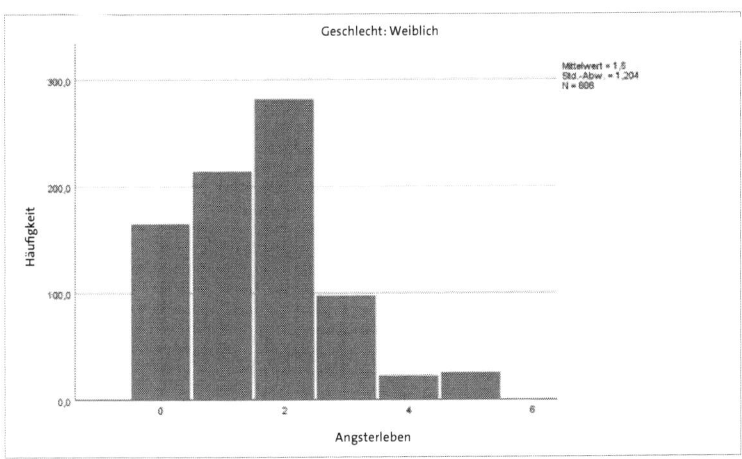


**Abbildung 7:** Histogramm des Angsterlebens von Frauen, die sich in Quarantäne ohne Symptome befinden

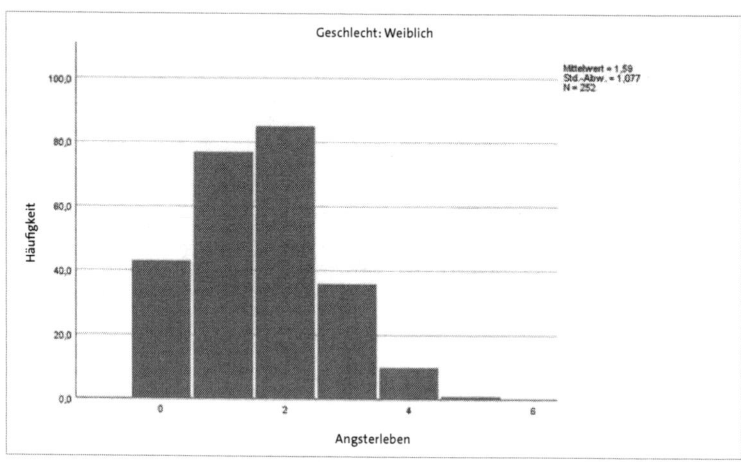


**Abbildung 8:** Histogramm des Angsterlebens von Frauen, die sich in Quarantäne mit Symptomen befinden

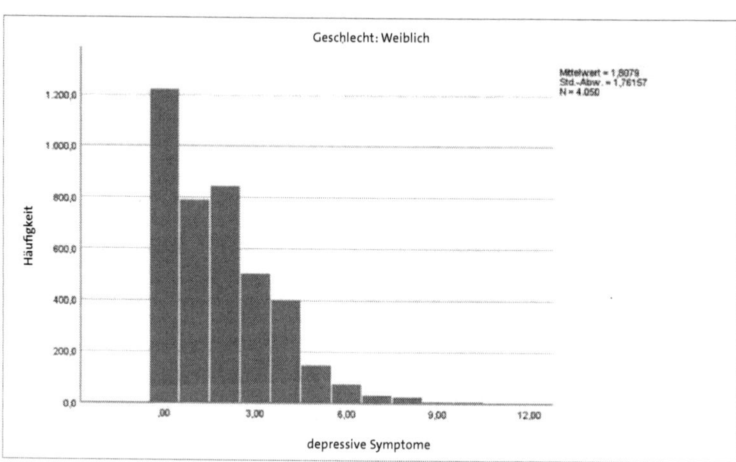


**Abbildung 9:** Histogramm der depressiven Gefühle von Frauen, die sich nicht in Quarantäne befinden

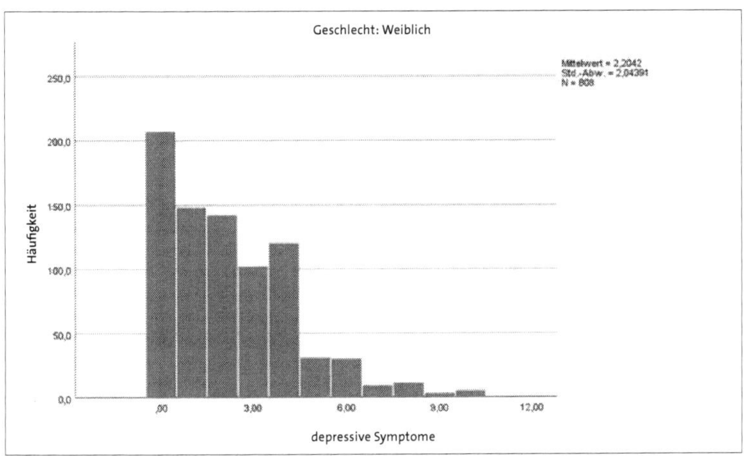


**Abbildung 10:** Histogramm der depressiven Gefühle von Frauen, die sich in Quarantäne ohne Symptome befinden

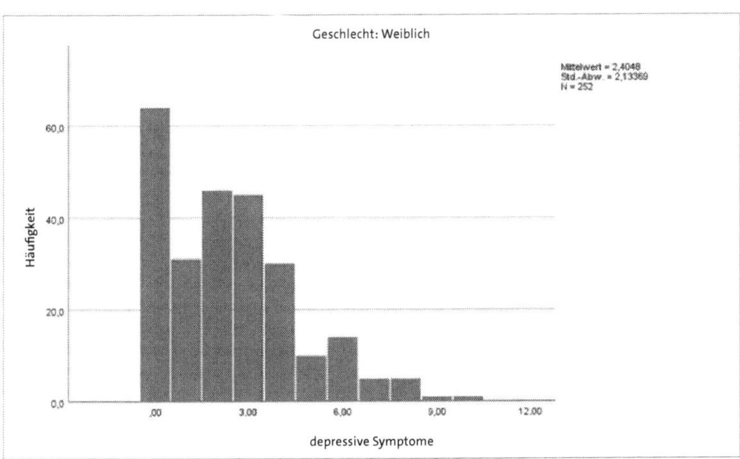


**Abbildung 11:** Histogramm der depressiven Gefühle von Frauen, die sich in Quarantäne mit Symptomen befinden

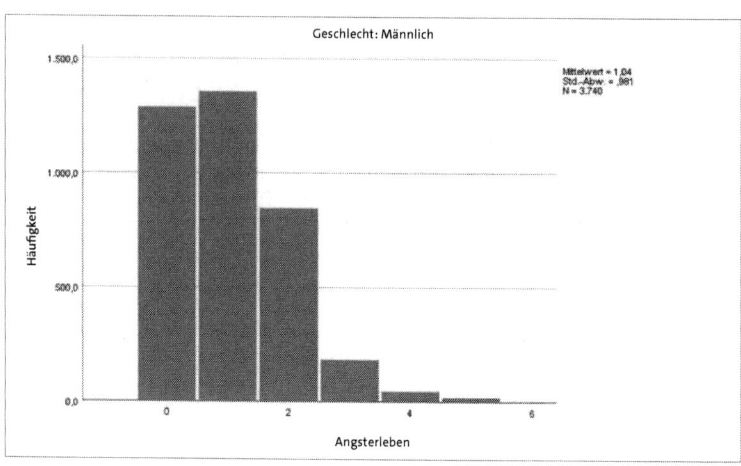


**Abbildung 12:** Histogramm des Angsterlebens von Männern, die sich nicht in Quarantäne befinden

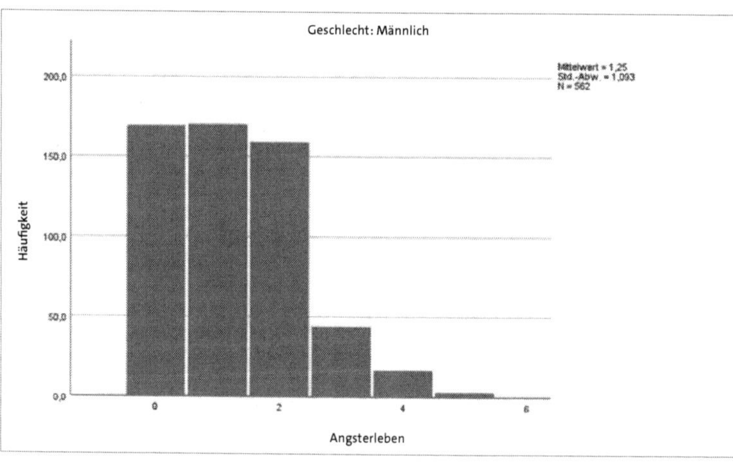


**Abbildung 13:** Histogramm des Angsterlebens von Männern, die sich in Quarantäne ohne Symptome befinden

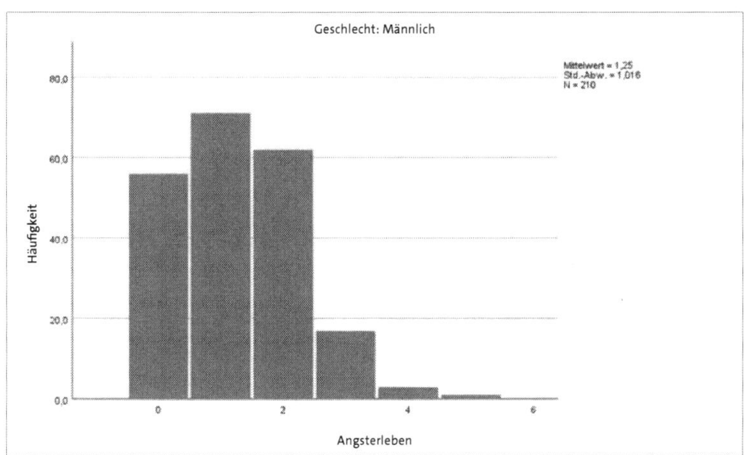


**Abbildung 14:** Histogramm des Angsterlebens von Männern, die sich in Quarantäne mit Symptomen befinden

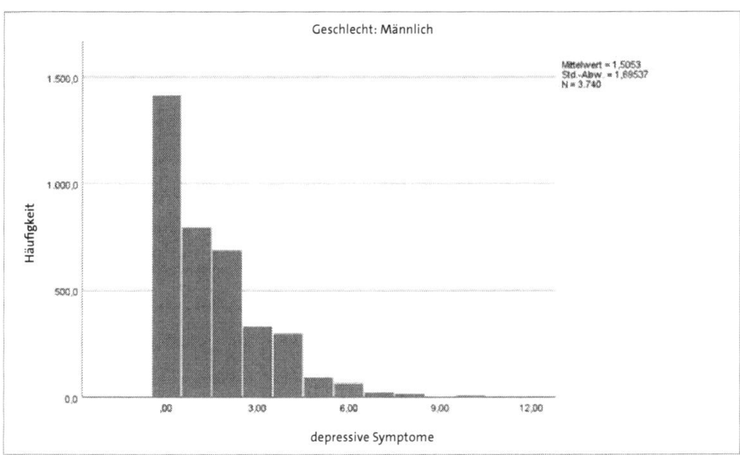


**Abbildung 15:** Histogramm der depressiven Gefühle von Männern, die sich nicht in Quarantäne befinden

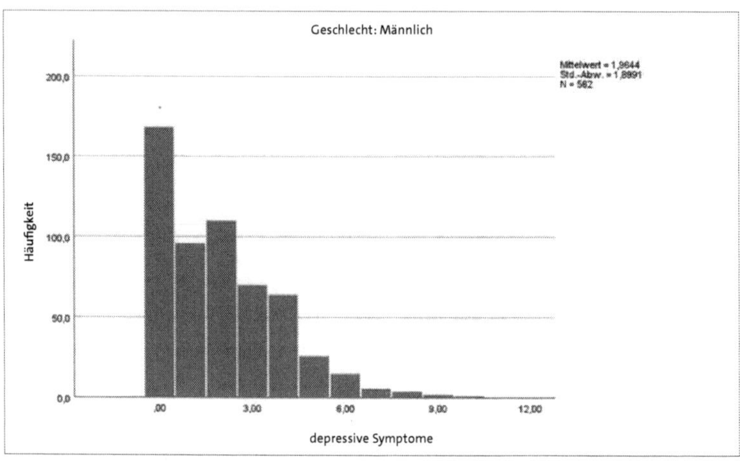


**Abbildung 16:** Histogramm der depressiven Gefühle von Männern, die sich in Quarantäne ohne Symptome befinden

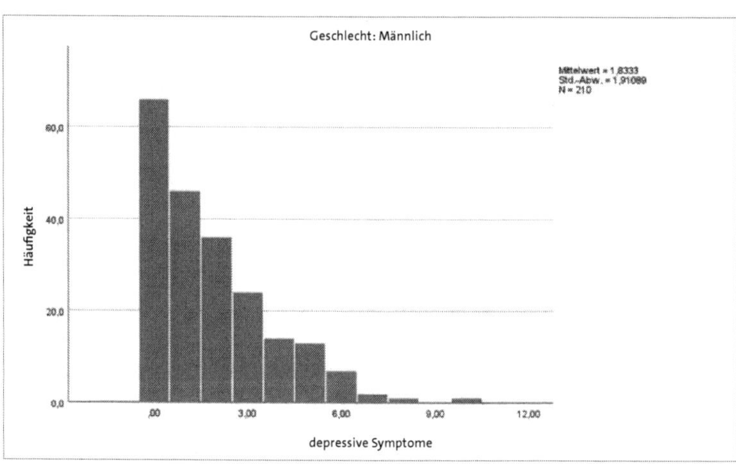


**Abbildung 17:** Histogramm der depressiven Gefühle von Männern, die sich in Quarantäne mit Symptomen befinden